COMMANDANT ÉMILE VEDEL

SUR NOS FRONTS DE MER

Avec deux cartes

PARIS
LIBRAIRIE PLON
PLON-NOURRIT ET Cie, IMPRIMEURS-ÉDITEURS
8, RUE GARANCIÈRE — 6^e

1918

SUR NOS FRONTS DE MER

Ce volume a été déposé au ministère de l'intérieur en 1918.

OUVRAGES DU MÊME AUTEUR :

Lumières d'Orient. Souvenirs de voyage. (Chez OLLENDORFF.)

L'Ile d'épouvante. Roman. (Chez CALMANN LÉVY.)

Le Roi Lear. (En collaboration avec Pierre LOTI.) Adaptation représentée au théâtre Antoine. (Chez CALMANN LÉVY.)

Les deux « Faust » de Gœthe. Adaptation représentée au théâtre de l'Odéon. (A la librairie Théâtrale.)

Nos marins à la guerre. (Chez PAYOT.)

PARIS. TYP. PLON-NOURRIT ET Cie, 8, RUE GARANCIÈRE. — 22837.

COMMANDANT ÉMILE VEDEL

SUR NOS FRONTS DE MER

Avec deux cartes

PARIS
LIBRAIRIE PLON
PLON-NOURRIT ET Cie, IMPRIMEURS-ÉDITEURS
8, RUE GARANCIÈRE — 6e

1918

LE PRIX DE LA LUTTE

On ne se rend généralement pas assez compte, surtout en France, du rôle capital que joue la marine dans le formidable conflit auquel nous assistons. Il est cependant hors de doute que les causes profondes de la guerre, je veux dire celles qui la rendaient inévitable tôt ou tard, ont été les convoitises d'ordre maritime et colonial que nourrissait l'Allemagne. Quant à son issue, il n'est point exagéré d'avancer qu'elle dépend de ce qui se passera sur la mer, et en particulier des résultats de l'abominable piraterie sous-marine inaugurée par les Boches, pour le moins autant que des opérations engagées à terre. C'est enfin parce que l'empire de la mer se trouve remis en question, que nous voyons tous les peuples des deux mondes successivement amenés à prendre parti contre la nation de proie qui se proposait de l'escamoter à son profit.

La mer? Au fur et à mesure que l'homme alla se civilisant davantage, sa possession lui devint de plus en plus indispensable, comme route par où faire venir de quoi satisfaire les nouveaux besoins qu'il se créait. De nos jours, avec le gigantesque mouvement d'échanges qui s'est développé entre contrées les plus distantes, on ne saurait mieux comparer son importance dans la vie du globe qu'à celle du système de veines et d'artères assurant l'indispensable circulation du sang dans notre organisme. Pas de pays maintenant, même la Suisse au milieu de ses montagnes, qui puisse se passer de tout ce que l'on va chercher, par delà les océans, partout où il y a quelque chose d'utile, de bon, ou de simplement agréable à prendre. Or « quiconque commande la mer, commande le commerce ; quiconque commande le commerce, commande la richesse du monde, et par suite le monde lui-même (1) » — comme le proclamait sir Walter Raleiglh, quand il exhortait ses compatriotes à se lancer dans la voie où ils ne devaient pas tarder à dépasser tous leurs concurrents. Et si des millions d'hommes s'entr'égorgent depuis trois ans passés, la principale raison en est que cette mer, ce commerce et cette richesse, dont les Anglais sont devenus les courtiers les plus actifs, l'Allemagne voudrait se les approprier de vive force.

Envisagée à ce point de vue essentiel, la guerre en cours se présente comme le dernier acte d'un

(1) *Whosoever commands the sea, commands the trade; whosoever commands the trade of the worlds, commands the riches of the worlds, and consequently the world himself.* Cité par M. J. Tramond, dans son récent *Manuel d'histoire maritime de la France*, ouvrage dont je ne saurais assez recommander la lecture à qui désire juger de la place que nous avons tenue et devrions nous efforcer de reconquérir sur mer.

drame dont le prologue se jouait aux temps héroïques où, s'il faut en croire Hérodote, le roi Minos aurait été le premier à concevoir le dessein d'étendre sa domination sur la mer. Je veux parler de cette lutte acharnée pour l'empire du large qui se déroule à travers trente-cinq siècles d'histoire, avec des péripéties qu'il ne sera pas inutile de résumer aussi brièvement que possible afin d'en accuser toute l'importance.

Et puisque le nom de Minos a été prononcé comme celui d'un précurseur, rappelons entre parenthèses que de récentes découvertes en Crète, à Mycènes et dans les Cyclades sont venues confirmer l'existence, jusque-là plus ou moins problématique, de la légendaire thalassocratie égéenne. Les scènes figurées sur certains vases peints, dont on a retrouvé les débris, permettent même de se faire une idée suffisamment exacte des navires ayant formé ce que l'on peut tenir pour la plus ancienne des marines de guerre : grosses barques pas encore pontées, munies d'un mât central et de quinze paires de rames, avant et arrière haut relevés, gouvernées au moyen de deux avirons de queue et portant en guise d'enseigne un poisson sculpté au bout d'une hampe à glands de passementerie. Tels furent les plus lointains ancêtres de nos modernes dreadnoughts.

Mais passons sur ces détails archéologiques. Après le fabuleux roi de Cnosse, on sait que Phéniciens, Grecs et Romains exercèrent tour à tour la suprématie en Méditerranée, hors de laquelle aucun navigateur européen ne se risqua que très exceptionnellement avant la fin du moyen âge. Les derniers à y commander furent les Turcs, que les croisades évincèrent au profit des petites républiques italiennes, Pise, Venise et Gênes. Puis, brusquement, la découverte de l'Amérique et de la route des Indes transporta le champ des compétitions dans des parages naguère inexplorés, où de jeunes marines, nées sur les bords de l'Océan, allaient se précipiter à la conquête de nouvelles Toisons d'or. Fait d'une portée incalculable et peut-être celui qui a le plus complètement modifié le cours des événements humains ! C'est alors que l'Espagne, le Portugal et la Hollande entrèrent en scène, et connurent des fortunes aussi rapides qu'inouïes, toutefois destinées à s'éclipser devant la future grandeur de l'Angleterre.

Quant à la France, elle attendra que le sens éminemment pratique d'un Colbert l'ait pourvue de l'instrument qui lui manquait encore pour se ranger parmi les puissances navales. Mais elle rattrapera si bien le temps perdu, qu'à peine constituées, ses escadres battront les Anglais après les Hollandais, et tiendront même victorieusement tête à tous les deux ensemble. Notre beau pays avait d'ailleurs tout ce qu'il fallait pour réussir sur mer, étendue de côtes et ports en eau profonde, matériaux de construction, équipages valant les meilleurs, esprit d'initiative, sans oublier le clair génie qui nous permet d'exceller dans n'importe quel genre d'entreprise — tout, hormis une volonté assez tenace. Mais cela, Sully l'avait déjà constaté avec amertume, lorsqu'il se plaignait de ne pas pouvoir garder les avantages acquis en Amérique par nos hardis coureurs d'aventure « parce que, disait-il, notre nation ne possède ni la persévérance ni la prévoyance requises, ne portant ordinairement sa vigueur, son esprit et son courage qu'à la conservation de ce qui la touche de proche en proche ». Deux circonstances non moins fâcheuses allaient s'ajouter à ce grave défaut du caractère français. L'obligation d'entretenir une armée assez forte pour couvrir nos frontières terrestres constamment menacées était l'une, en ce qu'elle venait trop souvent restreindre nos possibilités du côté de la mer. L'autre, la politique personnelle suivie par des souverains comme Louis XIV, Louis XV et Napoléon Ier, beaucoup plus préoccupés de régenter l'Europe et d'y arranger leurs petites affaires de famille, que de la place à prendre sur les marchés du monde. Plus récemment, on pourrait y ajouter les mesquines préoccupations politiques de nos hommes d'État de la troisième République, dont pas un n'a cherché à arrêter notre rapide décadence maritime...

Or, pendant que nous épuisions nos ressources dans d'interminables guerres continentales, ou que nous nous laissions absorber par de vaines luttes de partis, la situation insulaire de nos voisins d'outre-Manche et leur esprit pratique les mettaient au contraire à même de poursuivre de grandes visées navales. Parvenus à évincer tous leurs antagonistes, ils avaient vraiment le droit de chanter :

Rule Britannia! Britannia rule the waves!

Et après Trafalgar, il semblait que rien ne pouvait plus menacer leur hégémonie navale. Vers l'époque de la guerre de Crimée, nous aurions cependant été capables de la contre-balancer encore une fois. C'était quand le *Napoléon*, premier vaisseau de ligne à vapeur, prenait la *Ville de Paris* à la remorque pour lui faire franchir le Bosphore, à la grande confusion de la flotte anglaise qui se voyait tout entière retenue au mouillage par le calme. Quelques années plus tard, nous étions aussi les premiers à construire des frégates cuirassées, autre nouveauté dont l'apparition nous donnait, momentanément du moins, une incontestable supériorité sur nos anciens adversaires. Mais ces velléités de renaissance maritime ne devaient pas tarder à s'évanouir, disparues dans le cataclysme où Bismarck sut entraîner l'homme néfaste auquel la France avait eu la folie de confier ses destinées. Triste rêveur hanté par les mêmes utopies humanitaires que les sans-patrie d'à présent, comme de vouloir remanier la carte de l'Europe suivant le fallacieux principe des nationalités, sans tenir compte que méritent seules de vivre celles suffisamment armées pour se faire respecter !

Au lendemain de Sedan, ce pâle rendu d'Iéna, de cruelles nécessités nous forcèrent à réduire nos armements sur mer, où nous ne fîmes plus que décliner. Enflée par sa trop facile victoire, la Prusse devenue l'Allemagne considéra notre succession comme ouverte, et se posa dès lors en rivale de l'Angleterre. Ainsi ces parvenus qui, pour mieux contrefaire les grands seigneurs qu'ils ont réussi à déposséder, s'estiment obligés d'outrer encore leurs prétentions. Semblable à la grenouille de la fable, celle qui veut devenir aussi grosse que le bœuf, pendant quarante ans elle travailla sans relâche à augmenter sa marine, qui passa du dernier au second rang. Simultanément étaient mis en œuvre tous les moyens propres à activer le mouvement, comme fondation d'une ligue pour stimuler l'opinion publique, creusement du canal de Kiel — l'équivalent de notre canal des Deux-Mers demeuré, lui, à l'état de projet — création d'industries spéciales, rachat d'Héligoland et bien d'autres qu'il serait trop long d'énumérer ici. Avec son tempérament de comédien vantard et impulsif, le Kaiser n'avait du reste pas su cacher les secrètes ambitions de son peuple, et dans le discours-réclame prononcé à l'inauguration du canal de Kiel, cette phrase significative lui était échappée : « Notre avenir est sur mer. »

Et à présent que nous avons mis en lumière les origines et le principal enjeu de la lutte, nous allons essayer de montrer comment l'action s'est engagée sur les divers fronts de mer tenus par la marine française. Car le pays ne sait vraiment pas assez la part qui revient, dans l'œuvre de notre victorieuse résistance contre l'envahisseur immonde, aux héroïques officiers et équipages de la flotte, dignes seconds de nos admirables soldats !

LA DEUXIÈME ESCADRE LÉGÈRE

A LA

RENCONTRE DE LA FLOTTE ALLEMANDE

I

LE GUET-APENS ALLEMAND

Ce fut dans un conseil extraordinaire, tenu à Potsdam le 29 juillet 1914, on le sait maintenant, que Guillaume II et ses complices se décidèrent à tenter le grand coup dont ils n'attendaient rien de moins que l'asservissement du monde. Le différend austro-serbe leur semblait une occasion de déchaîner la guerre, telle qu'ils n'en retrouveraient jamais. L'attitude que prendrait l'Angleterre restait leur seul aléa. Ils avaient en effet partie gagnée d'avance, si cette dernière gardait la neutralité, ainsi qu'ils se croyaient autorisés à l'espérer par son désintéressement des questions balkaniques et ses graves difficultés en Irlande. Peut-être comptaient-ils également sur le prestige que le Kaiser s'imaginait avoir acquis vis-à-vis des Anglais, par le genre bon garçon et le zèle pour le *yachting* qu'il affectait afin de mieux les duper. Quoi qu'il en soit des illusions qu'ils pouvaient se faire, leur plan consistait à s'emparer des meilleurs ports de la mer du Nord et de la Manche — sans laisser à la Grande-Bretagne le temps de se ressaisir — en lançant deux millions d'hommes à travers la Belgique et le nord de la France. Manœuvre dès longtemps préparée dans ses moindres détails, et qui présentait le double avantage de comporter des réalisations immédiates du côté de la mer, ainsi que de tourner notre seule ligne de défense. Malgré les nombreux avertissements reçus, nous n'avions jamais voulu croire à une attaque venant de ce côté, de sorte que les Allemands avaient tout lieu de tabler sur sa réussite la plus complète.

Une fois en possession d'Anvers, de Dunkerque et de Calais, où ils se voyaient déjà, ils seraient en meilleure posture pour de là fondre sur l'ennemie dont ils se promettaient de régler le compte après le nôtre.

Car il est de la dernière évidence que, sans l'appui de la marine anglaise, notre situation eût été des plus critiques, pour ne pas dire davantage. Livrés à nos seules forces navales, les Russes ne pouvant sortir ni de la Baltique ni de la mer Noire, nous restions, en face des flottes austro-allemandes, dans la proportion de 2 contre 5 et, infériorité plus sérieuse encore, n'ayant que 4 dreadnoughts (10, si l'on ajoutait nos 6 cuirassés du type *Danton*, bien que pas tout à fait du même échantillon) à opposer aux 24 de l'adversaire. Quant à nos sous-marins, il ne fallait pas songer à leur demander ce que l'Allemagne obtiendra des siens, tous pourvus d'excellents moteurs qui nous manquaient, non plus qu'à en multiplier le nombre, comme le lui ont permis ses immenses ressources métallurgiques et industrielles. D'où la conclusion que nous aurions été étroitement bloqués au bout de peu de jours. Ce qui, dans l'état d'impréparation où nous surprenait la guerre, signifiait le manque de tout à brève échéance, nos villes du littoral bombardées et rançonnées, avec la possibilité désastreuse qu'une armée fût débarquée quelque part pour nous prendre à revers.

Nous étions donc comme l'honnête homme dont parle Voltaire, auquel ne restait plus qu'à prier Dieu que ses ennemis fissent des sottises. Celles des Allemands furent heureusement telles qu'il devint impossible à l'Angleterre de ne pas s'apercevoir du danger qu'elle courrait en nous abandonnant. Malgré l'opposition qu'ont d'abord manifestée les partis avancés, qui, par leurs aberrations pacifistes, ont fait partout le jeu de l'Allemagne, elle exécuta, au dernier moment, le geste dont la menace aurait peut-être suffi, quelques heures plus tôt, pour éviter la guerre — cette fois-là du moins, parce que, depuis Agadir, il n'était au pouvoir de personne d'empêcher que finît par éclater l'orage qui montait de Berlin. Hâtons-nous d'ailleurs de reconnaître que le concours *in extremis* de la Grande-Bretagne nous a aussi incontestablement sauvés que, un mois plus tard, la prodigieuse victoire de la Marne sauvait le monde entier de la barbarie allemande.

Exactement comme douze siècles auparavant, à Poitiers, nous avions déjà préservé l'Europe d'être conquise par les Arabes, sans toutefois la moindre comparaison entre eux et l'espèce de sauvage à lunettes d'or que représente le Boche massacreur de femmes et d'enfants.

Mais, si chacun sait, ou à peu près, de quelle manière les événements se sont déroulés à terre, bien peu savent comment la lutte a été engagée sur mer, et dans quelles circonstances angoissantes s'est opérée la jonction entre la *Great Fleet* de l'amiral Jellicoe et nos flottilles de la Manche. C'est cette lacune que je voudrais essayer de combler, en racontant l'histoire de la deuxième escadre légère aux premières heures de la guerre, quand un ordre rappelant les beaux jours de la Convention l'envoya barrer le chemin à toute la flotte allemande.

II

AU MINISTÈRE DE LA MARINE

Afin de saisir l'enchaînement des faits, il est nécessaire de se reporter au dimanche 2 août, premier jour de la mobilisation générale. Si l'on veut bien me suivre, nous monterons au ministère de la Marine, d'où va être expédié l'ordre télégraphique à l'exécution duquel nous irons assister sur place. Quoique les marins n'y règnent plus en maîtres, le titulaire du portefeuille étant alors M. le sénateur Gauthier, leur esprit de devoir et de sacrifice ne continue pas moins de l'animer. Vieille maison qui, depuis Monge, — savant fourvoyé dans la politique, que la première République eut le tort d'enlever à ses études pour le mettre à la tête de la Marine, — fut celle, entre autres, de l'amiral Decrès, de Ducos, de l'amiral Hamelin, de Chasseloup-Laubat et de l'amiral Aube. Au premier étage de l'élégant pavillon, chef-d'œuvre de Gabriel, formant le coin de la place de la Concorde et de la rue Royale, est le cabinet du ministre. Pour mieux l'inspirer sans doute, on y avait placé la propre table de Colbert, meuble splendide du plus pur style Louis XIV. Mais, est-ce que sa vertu n'opérait plus? la précieuse relique a fini par être remise au musée des Arts décoratifs. A droite, le chef de cabinet et les officiers d'ordonnance. Vers la gauche s'étend une suite de salons, où sont installés de nombreux attachés civils. Les appartements privés du ministre occupent, à leur extrémité, un pavillon faisant pendant avec le premier. C'était là que Louis XVI, encore dauphin, et Marie-Antoinette descendaient quand ils couchaient à Paris. Il y reste des merveilles de cette époque infiniment gracieuse. Un peu partout, des portraits de nos gloires navales, et d'anciens tableaux représentant les hauts faits de la marine à voiles; quelques-uns plus récents, mais déplorablement médiocres, comme les deux épisodes de la guerre de Crimée dont on a orné le salon d'attente.

Ici, rien de la fièvre ni de la bousculade qui sévissent au ministère de la Guerre, de l'autre côté de l'eau. Contraste dû à la dissemblance radicale entre les conditions où nos armées de terre et de mer fonctionnent en temps de paix, bien plus encore qu'à l'énorme disproportion de leurs effectifs. Car, à bord, on est toujours en présence de l'irréconciliable ennemi qu'est l'Océan, l'autre ne venant que par surcroît, et tout voyage peut être considéré comme une « campagne », ainsi qu'on disait naguère. Que le navire soit chalutier, croiseur ou dreadnought, qu'il « arme »

— autre terme non moins significatif — pour la pêche à la morue sur le banc de Terre-Neuve, pour un tour du monde, ou doive stationner le long des côtes, ses préparatifs ne différeront guère de ceux que suppose la chasse aux sous-marins ou une sortie pour livrer bataille. Donc les bateaux étaient prêts, et je puis ajouter, admirablement entraînés. A ce point de vue, ils forceront même l'admiration des Anglais, les meilleurs juges en la matière. Après quelques dispositions rapidement prises au fur et à mesure que l'horizon se chargeait, telles que rappel des officiers et matelots permissionnaires, complétement des approvisionnements et munitions, fermeture des écoles, concentration des diverses unités autour des chefs de groupes, nos escadres n'attendaient plus que le signal de se rendre à leurs postes de combat.

En ce qui concernait la guerre avec l'Allemagne, deux alternatives avaient été admises, suivant que l'Angleterre se rangerait ou non de notre côté. L'Entente cordiale rendant la première de beaucoup la plus probable, nous avions concentré tous nos cuirassés de bataille dans la Méditerranée que nous nous chargions de défendre, ne conservant dans la Manche que de vieux croiseurs démodés et des flottilles destinées à agir en liaison avec les forces britanniques. Nous verrons tout à l'heure de quelle manière. Mais notre dispositif prévoyait aussi le cas où nous resterions seuls, comme on put le craindre un instant. Les positions initiales que devaient prendre nos divisions du Nord étaient à peu près les mêmes dans l'une ou l'autre supposition, pour conduire, bien entendu, à des opérations totalement différentes, suivant celle des deux qui se réaliserait. Comme il n'a pas été fait usage du plan sans les Anglais, et qu'il pourrait resservir à l'occasion, on comprendra que je m'abstienne de toute précision à son endroit. Il suffira d'indiquer que des escadrilles de torpilleurs et de sous-marins devaient former barrage aux étranglements de la Manche, couvertes par nos croiseurs qui se tiendraient prêts à attaquer tout détachement ennemi avec lequel ils pourraient se mesurer sans trop de désavantage. Tactique du reste renouvelée de celle que les Anglais employèrent dans les mêmes parages, contre l'« invincible Armada » de Philippe II.

Or, le 2 août, vingt-quatre heures après que l'Allemagne avait déclaré la guerre à la Russie, et vingt-quatre heures avant qu'elle la déclare à la France, nous ne savions pas encore à quoi se déciderait l'Angleterre. Et comme ses hésitations ont déterminé les instructions que la Deuxième escadre légère reçut à la dernière minute, nous profiterons de ce qu'il est aujourd'hui possible d'en dire un peu plus long qu'auparavant, pour résumer les tractations entre Paris et Londres jusqu'au moment où la Grande-Bretagne vint, loyalement et résolument, nous apporter le renfort de toute sa puissance. La chose offre d'autant moins d'inconvénients qu'elle démontrera une fois de plus que, loin de songer à devancer qui que ce soit sur le sentier de la guerre, la France et l'Angleterre ne s'étaient malheureusement pas assez entendues contre les entreprises des plus enragés chercheurs de mauvaises querelles qui aient jamais troublé la paix de tout le monde.

III

L'ENTENTE CORDIALE

Ce qu'on appelait ainsi ne consistait, à tout prendre, que dans un échange de conversations au cours desquelles les deux gouvernements s'étaient préoccupés de ce qu'il conviendrait de faire dans l'hypothèse, de plus en plus à redouter, où l'Allemagne nous provoquerait. A cet effet, les états-majors généraux avaient reçu mission de jeter les grandes lignes d'une action combinée, ne comportant d'ailleurs que des mesures *exclusivement défensives*, comme nous aurons bientôt occasion de le constater.

Ces prémisses de l'Alliance qui, par la suite, a si utilement contribué au salut mutuel, avaient été posées par M. Delcassé. Quand M. Poincaré devint président du Conseil, en 1912, il essaya de les développer. Et, en passant, ce ne sera que justice de rendre hommage à la sage prévoyance ainsi qu'à la sollicitude patriotique de ces deux éminents citoyens. L'acharnement que mettent les Allemands, avec leur mauvaise foi coutumière, à rejeter sur eux la responsabilité de leur injustifiable agression, est la meilleure preuve de l'immense service qu'ils nous ont rendu, avec la collaboration la plus active et la plus dévouée de notre ambassadeur à Londres, M. Cambon. Mais l'Angleterre avait toujours refusé d'aller plus loin. Son isolement ne lui faisait pas sentir, aussi impérieusement qu'à nous, le besoin de nous concerter ensemble dans la prévision du danger qu'offraient les ambitions de plus en plus démesurées d'une Allemagne armée jusqu'aux dents.

Par une lettre du 22 novembre 1912, adressée à M. Cambon, sir Edward Grey s'était même attaché à enlever tout soupçon de caractère contractuel aux avant-projets ainsi établis. On y relève notamment que : « Ces consultations entre experts ne sont pas et ne doivent pas être considérées comme obligeant l'un ou l'autre gouvernement à agir dans une éventualité qui ne s'est pas encore produite et qui peut ne jamais se présenter. Par exemple, les dispositions actuellement envisagées pour les flottes française et anglaise ne sont point basées sur un engagement de coopérer en cas de guerre. Vous m'avez fait néanmoins observer que, si l'un des deux gouvernements avait de graves raisons de s'attendre à une attaque non provoquée venant d'une troisième puissance, il pourrait devenir essentiel de savoir si, dans un cas semblable, il aurait à compter sur le concours armé de l'autre. Je suis d'accord que, si l'un des deux gouvernements avait de graves raisons de s'attendre à une attaque non provoquée, ou si quelque chose menaçait la paix générale, il aurait à discuter immédiatement avec l'autre si tous deux devaient agir ensemble pour prévenir l'agression et conserver la paix, et, dans l'affirmative, quelles mesures ils se prépareraient à prendre en commun. Si ces mesures allaient jusqu'à une action, les plans des états-majors seraient pris en considération, et les deux gouvernements décideraient alors de l'effet qu'il conviendrait de leur donner. » Tel est, dans son jargon diplomatique, et avec toutes les réticences de la plus circonspecte des chancelleries, le document à propos duquel Guillaume II et M. de Bethmann-Hollweg ont eu l'impudence de nous accuser, les Anglais et nous, d'avoir prémédité la guerre ! Après lecture du texte donné ici pour la première fois, je défie tous les docteurs ès fourberie de Berlin, fût-ce M. Michaëlis lui-même, d'en tirer autre chose que la preuve de notre déplorable aveuglement à l'égard d'une Allemagne ne guettant que l'occasion de se jeter sur ses voisins.

S'il eût existé un instrument diplomatique quelconque liant nos deux pays, comme le traité franco-russe ou celui qui garantissait la neutralité de la Belgique, le roi George V n'aurait pas été réduit à répondre à la belle et pathétique lettre où, le 30 juillet, M. Poincaré le faisait en quelque sorte arbitre entre nous et l'Allemagne, par la très peu compromettante affirmation que « son gouvernement continuerait à discuter franchement et librement avec M. Cambon tous les points de nature à intéresser les deux gouvernements ». Réserve due au fait qu'en l'absence d'un acte formel, le gouvernement britannique ne pouvait aller de l'avant qu'avec l'approbation du Parlement, reflet de l'opinion publique. Or, celle-ci était tellement peu favorable à une intervention militaire que, le 1er août, on lisait dans le *Daily News*, organe des radicaux, que « l'entrée de l'Angleterre dans un semblable conflit serait un véritable crime ».

Il fallut le refus de l'Allemagne de s'engager à respecter la neutralité belge pour provoquer un revirement — mais alors complet — chez la noble nation anglaise, gardienne des fois jurées. A l'issue du conseil tenu le matin du 2 août, sir Edward Grey peut déjà donner à notre ambassadeur l'assurance que : « Si les Allemands pénètrent dans la Manche ou traversent la mer du Nord, afin d'entreprendre des opérations de guerre contre la marine marchande ou le littoral français, la flotte britannique prêtera toute l'assistance en son pouvoir. Cette assurance — ajoute-t-il néanmoins — est fournie sous réserve que la politique du gouvernement de Sa Majesté sera approuvée par le Parlement, et ne doit pas être considérée comme obligeant le gouvernement de Sa Majesté à agir tant que l'éventualité d'une action de guerre de la flotte allemande ne se sera point produite. »

Or, la Chambre des Communes ne se prononça que dans la soirée du 3, lorsque fut remis à

Bruxelles l'ultimatum exigeant libre passage pour les troupes allemandes sur le territoire belge. Sir Edward Grey vint alors déclarer que l'Angleterre, saisie d'une protestation du roi Albert, affirmait sa volonté de maintenir la neutralité de la Belgique, et que la marine britannique garantirait les côtes de France contre toute incursion de la flotte allemande. A quoi le Parlement répondit en votant un crédit de cent millions de livres sterling pour les premières dépenses de guerre. Mais, jusque-là, il n'y avait toujours rien de fait.

IV

UN TÉLÉGRAMME HISTORIQUE

Entre temps, et toujours dans la même journée du 2 août, les avant-gardes allemandes envahissaient le grand-duché de Luxembourg et violaient notre frontière sur plusieurs points, commettant de nombreux actes d'hostilité. Aussi, le soir, du ministère de la Marine, où nous étions il n'y a qu'un moment, partait la dépêche suivante, à l'adresse du chef de nos forces navales dans le Nord :

Marine à amiral Marseillaise. — *Appareillez demain matin cinq heures pour prendre positions initiales du plan d'opérations, mais attendez ordres précis pour commencer hostilités.*

Mesure de précaution dont l'urgence s'imposait. Une demi-heure plus tard, on apprenait à Paris que les deuxième et troisième escadres allemandes, de huit cuirassés chacune, avaient traversé le canal de Kiel, et se trouvaient en partance à l'embouchure de l'Elbe. Dans le doute qui subsistait sur les résolutions définitives de l'Angleterre, il y avait donc lieu de prévoir une attaque brusquée contre nos ports de la mer du Nord et de la Manche, peut-être avant toute déclaration de guerre. Notre conseil des ministres, lequel se tenait pour ainsi dire en permanence à l'Élysée, redouta le fâcheux retentissement qu'une semblable nouvelle ne manquerait pas d'avoir dans le public. Car une réunion d'hommes politiques envisage d'abord et toujours les événements au point de vue de leur répercussion sur les électeurs dont ils émanent. De sorte qu'après avoir refusé pendant deux jours à la Marine l'autorisation de porter nos forces navales du Nord en Manche orientale, et cela sous prétexte que leur anéantissement probable par la flotte allemande infiniment supérieure serait d'un effet déplorable, les mêmes ministres demandèrent qu'elles allassent immédiatement défendre le passage du Pas de Calais. C'était les envoyer à la mort. Mais il n'y eut pas une minute d'hésitation de la part de la Marine et, à minuit et demi, partait le radio dont voici la teneur :

Marine Paris à amiral Marseillaise. — *Appareillez immédiatement et défendez par les armes le passage de la flotte de guerre allemande partout à l'exception des eaux territoriales anglaises. Accusez réception par télégramme.*

Destiné à rester fameux, cet ordre à la Danton avait été rédigé par le vice-amiral Pivet, chef d'état-major général, et quel que soit le jugement de l'histoire sur le mouvement qu'il ordonnait, elle ne pourra que lui trouver très fière allure. Quant aux dispositions à prendre pour faire au moins payer le plus chèrement possible un passage qu'on ne pouvait en aucun cas empêcher, le chef de notre escadre de la Manche en demeurait le seul juge. Voyant mieux et de plus loin que le conseil des ministres, l'officier général qui la commandait comprit qu'il s'agissait surtout d'exécuter un geste de protestation désespérée, capable de forcer l'Angleterre à se déclarer, et c'est dans cet esprit qu'il combina son plan, résolu à ne pas marchander le sacrifice qu'on lui demandait.

V

NOS FORCES NAVALES DANS LE NORD

Transportons-nous maintenant dans la Manche, où achèvent de se rassembler les divers éléments de la Deuxième escadre légère. Sous ce nom qui évoque bien une simple formation de couverture, était groupée, autour d'un noyau de croiseurs, une quantité considérable de petits bâtiments, mais dont le nombre ne compensait nullement la faiblesse. En voici la composition :

Croiseurs cuirassés. Première division : *Marseillaise* (pavillon du contre-amiral Rouyer), *Condé*, *Amiral Aube*, trois vieux croiseurs de 10 000 tonnes, filant 21 nœuds et portant 11 pièces de 194, 8 de 164 et 4 de 100. Détaché dans le golfe du Mexique, le *Condé* se trouva remplacé par la *Jeanne d'Arc*, école d'application des aspirants, qui rentrait de sa croisière annuelle.

Deuxième division : *Gloire* (pavillon du contre-amiral Le Cannelier), *Dupetit-Thouars* et *Gueydon*, avec les mêmes caractéristiques que les précédents. Écoles des gabiers, timoniers, charpentiers, etc., ils faisaient partie de la division d'instruction de l'Océan et ne venaient se ranger sous les ordres de l'amiral Rouyer qu'en cas de mobilisation générale.

TORPILLEURS. Première escadrille : *Obusier*, *Branlebas*, *Oriflamme*, *Tromblon*, *Étendard*, *Carquois*, tous de 350 tonneaux ; *Capitaine Mehl* et *Francis Garnier*, de 800.

Deuxième escadrille : *Glaive*, *Gabion*, *Fanion*, *Stylet* et *Claymore* (350 tonnes).

Troisième escadrille : *Catapulte*, *Rapière*, *Épieu*, *Bélier*, *Bombarde* et *Arquebuse* (350 tonnes).

SOUS-MARINS. Première escadrille (à Cherbourg) : *Archimède*, *Watt*, *Floréal*, *Pluviôse*, *Berthelot*, *Thermidor*, *Giffard*, *Prairial*, *Fructidor*, *Germinal* et *Ventôse*, avec les torpilleurs *Francisque*, *Fauconneau* et *Sabre* comme divisionnaires.

Deuxième escadrille (à Calais) : *Frimaire*, *Mariotte*, *Brumaire*, *Newton*, *Euler*, *Volta*, *Nivôse* et *Foucault*, avec les torpilleurs *Escopette* et *Durandal* pour chefs de groupes.

Troisième escadrille (à Cherbourg) : *Amiral Bourgois*, *Franklin*, *Montgolfier*.

MOUILLEURS DE MINES : *Cerbère* et *Pluton*.

Le commandant supérieur des flottilles de torpilleurs et de sous-marins était le capitaine de vaisseau Lavenir, ayant son guidon sur le torpilleur d'escadre le *Dunois*.

En tout, une soixantaine de navires armés dès le temps de paix, auxquels se joindront, quelques jours plus tard, à peu près autant de petits croiseurs, paquebots mobilisés, vapeurs réquisitionnés, dragueurs, chalutiers et autre poussière navale. Nous avions en outre : 1° 12 torpilleurs stationnés à Dunkerque, avec le capitaine de frégate Saillard comme chef de groupe (guidon sur le *Simoun*), flottille qui passait sous les ordres de l'amiral Rouyer à la mobilisation ; 2° les escadrilles de torpilleurs et de sous-marins constituant les défenses fixes ou mobiles de Cherbourg, de Brest et de Rochefort. Voilà toutes les forces dont nous disposions dans le Nord. Inutile de faire ressortir leur impuissance, si on les compare aux 42 cuirassés, 56 croiseurs, 180 destroyers et environ 50 sous-marins que l'Allemagne était en mesure d'acheminer vers la Manche, même après déduction de ce qu'elle pouvait être obligée de conserver chez elle pour opposer aux 12 cuirassés, 13 croiseurs, 60 destroyers et 30 sous-marins russes de la Baltique. Ajoutons que nos bâtiments du Nord étaient d'ancien modèle, inférieurs sous tous rapports, y compris l'artillerie et la vitesse, à ceux de l'ennemi.

Au moment de la mobilisation, la première division de croiseurs se trouvait à Cherbourg, la deuxième à Brest où elle complétait ses effectifs avec les ressources des navires-écoles : *Borda* (école navale), *Armorique* (apprentis marins), *Magellan* (mousses), etc., lesquels rentraient dans l'arsenal afin d'y être désarmés. Aussitôt reçue la dépêche de mobilisation, la division Le Cannelier alluma les feux et s'en fut rejoindre l'amiral Rouyer. L'appareillage s'effectua au milieu d'un enthousiasme indescriptible. Parmi les bateaux sur rade qui saluaient les partants de leurs hourras les plus frénétiques, étaient les deux dreadnoughts *France* et *Jean Bart*, retour de Russie avec le Président de la République, et charbonnant bien vite pour rallier notre armée navale de la Méditerranée. Pendant la nuit du 26 au 27 juillet, un singulier hasard leur avait fait croiser sans le voir, dans les eaux danoises, l'empereur Guillaume à bord de son *Hohenzollern*. Il rentrait hâtivement de Norvège, laissant derrière lui 28 cuirassés et 18 croiseurs, lesquels ne rallieront Kiel que le 29 juillet. Puis, en Manche, ils avaient reconnu de loin 36 cuirassés et 9 éclaireurs anglais se dirigeant vers le Pas de Calais. C'était partie de l'immense flotte que le roi George V venait de passer en revue à Spithead, qui gagnait le grand fjord entre l'Angleterre et l'Écosse, où elle attendra les événements.

De ces rencontres, nos marins avaient conclu à une prompte jonction avec les Anglais, pour courir tous ensemble à la recherche de cette orgueilleuse flotte allemande dont les prétentions ne visaient rien de moins que la suprématie des mers. Ils ne se doutaient guère de la surprise qui leur était réservée à Cherbourg, d'apprendre que, les Anglais n'entrant pas encore en ligne, il s'agissait pour eux, non plus d'une bataille à livrer entre adversaires de forces à peu près comparables, mais d'aller froidement se faire couler, en tâchant de sauver l'honneur du pavillon. Ils ne soupçonnaient pas davantage que, bientôt réunis à nos amis devenus nos alliés les plus fidèles, trois ans de guerre s'écouleront sans qu'ils aient pu joindre un ennemi qui se dérobera toujours ; qu'il leur faudra laisser toute la gloire des combats à leurs frères d'armes, les incomparables « poilus » et « tommies », pour entreprendre la plus pénible et la plus décevante des luttes contre l'atroce piraterie sous-marine par quoi les Allemands essayeront de remplacer la guerre de surface ; qu'ils seront condamnés à ne jamais se battre, du moins au sens propre du mot, tout en risquant sans cesse de finir soit éventrés par une mine, soit coupés en deux par une torpille, à la suite de quelque effroyable drame que les communiqués passeront sous silence afin de ne pas renseigner l'ennemi ; mais que ce sera grâce à eux, grâce aux arrivages que permettra leur incessante et périlleuse veille sur les grands chemins du large, que deviendra possible la victoire finale de nos armées de terre ; enfin que l'empire de la mer sera gagné ou perdu, sans que peut-être soit livrée une seule bataille navale définitive. Certes non, rien de tout cela n'apparaissait à ceux qui appareillaient de Brest, conservant l'illusion qu'une guerre avec l'Allemagne pouvait être loyale et de franc jeu.

VI

A CHERBOURG

Ayant doublé Ouessant dans la nuit du 1er août, la division Le Cannelier arrive à Cherbourg le lendemain à 3 heures du soir, et complète immédiatement son charbon. La première division achève ses derniers préparatifs. Les escadrilles de torpilleurs et de sous-marins occupent déjà leurs postes de grand'garde. La communication avec la terre est autorisée jusqu'à 6 heures, où tout le monde devra rallier le bord. On imagine les scènes qui devaient se passer dans les rues de Cherbourg, par ce brûlant après-midi d'été, quand des milliers de matelots en pantalon et chemise de toile blanche faisaient leurs adieux à la terre, et peut-être à la vie ! En voici un aperçu, emprunté à l'enseigne de vaisseau Guichard, qui sortait de l'École navale et venait d'embarquer sur la *Marseillaise* : « Cinq minutes avant que pousse le canot-major, je songe qu'un carnet de notes s'impose avant de partir en guerre. J'ai acheté celui-ci dans une librairie du quai. La porte de la boutique encadrait, sous un pan de ciel bleu, les embarcations de l'escadre attendant leurs permissionnaires et laissant claquer en pleine lumière les pavillons du dimanche, tout fiers de leur neuve dignité. Les Cherbourgeois en promenade dominicale discutaient devant les affiches de mobilisation à peine sèches ; des matelots embarquaient, lourds, se demandant pourquoi rentrer si tôt un jour de bordée, et des femmes en cheveux, dans les groupes de cols bleu clair, mêlaient leurs adieux aigus aux objurgations des patrons de canots à leurs brigadiers. Ce départ a peu différé des autres. Des marins qui s'en vont au large partent toujours vers l'inconnu, et vers un inconnu hostile, qu'il y ait ou non bataille en perspective... Quelques derniers pas sur la terre ferme, en songeant aux familles inquiètes et lointaines auxquelles nous tenons encore par le sol, et puis nous embarquons joyeusement, à notre tour. La rade, cependant limitée aux lignes rases de la digue interminable, était souriante et sans ride, et dans l'agitation ensoleillée du premier dimanche d'août, une *Marseillaise* de circonstance sanguinolait dans un accordéon plaintif. »

Le soir, toutes les chaudières sont poussées, les équipages mis aux postes de veille. Le *Dupetit-Thouars* est désigné pour appareiller et ouvrir le feu contre tout zeppelin qui se montrerait : engins encore nouveaux que l'on redoutait beaucoup plus qu'ils ne le méritaient. A minuit cinquante, arrive le premier ordre de départ, fixé à 5 heures du matin. Ensuite, l'avis relatif aux mouvements des escadres allemandes, ce qui porte la fièvre de l'attente au paroxysme. Les anciens songent à tout ce qu'il ne faut pas oublier en vue du combat, tandis que les jeunes s'endorment en faisant des rêves de gloire. Enfin, à 2 heures, c'est le radiotélégramme enjoignant d'aller sur-le-champ barrer la route à l'ennemi. Je disais, un peu plus haut, qu'il avait été rédigé par le vice-amiral Pivet. J'aurais dû ajouter qu'il portait la contre-signature du sénateur Gauthier, de même que celui qui, le lendemain, prescrira au commandant en chef de notre armée navale en Méditerranée de suspendre tout autre mouvement afin de courir sus au *Gœben* et au *Breslau*. Et profitons de l'occasion pour reconnaître que tous deux surent prendre les graves initiatives commandées par une situation des plus difficiles. Nous avons dit ailleurs (1) comment furent conduites les premières opérations dans la Méditerranée. Il nous reste à relater celles de la Manche et de la mer du Nord, peut-être encore plus ignorées du public, et même pas très bien connues du reste de la marine. Officiers et matelots de la Deuxième escadre légère ont pourtant donné, et largement, tout ce qu'on leur a demandé, habileté tactique, froide résolution, abnégation complète, ainsi que mépris le plus com-

(1) Dans *Nos marins à la guerre*, 1 vol. chez Payot.

plet de la mort : ce n'est pas de leur faute si, envoyés aux Thermopyles, ils n'y ont pas rencontré les Allemands et durent en revenir sans avoir trouvé occasion de renouveler le plus beau geste de l'antiquité.

VII

LE DÉPART

Au reçu du télégramme en question, le signal d'appareiller est allumé par la *Marseillaise* et bientôt répété par toute l'escadre, dont l'illumination fait pâlir les étoiles du ciel. Les croiseurs de la deuxième division mouillent sur place leurs chalands de charbon, et lèvent l'ancre. Les autres suivent aussitôt. Torpilleurs et sous-marins se glissent par où ils peuvent. Car, des deux passes ouvertes entre la digue et la terre, celle de l'Est étant fermée depuis la mobilisation, il faut que tout le monde prenne par l'autre. Malgré qu'il fît encore presque nuit, aucun accident, aucune erreur ne vint ralentir ce tour de force de manœuvre que n'oublieront jamais ceux qui en furent témoins. Les hommes du métier ne trouveront pas le terme exagéré, quand j'aurai ajouté que le défilé de cinquante et quelques navires entre les deux musoirs de sortie s'effectua en moins d'une heure, ce qui ne représente guère plus d'une minute pour chacun. Ouvrons le carnet tout neuf du même jeune enseigne que nous citions précédemment :

« L'ordre d'appareiller arrive à l'instant. De la passerelle avant de la *Marseillaise*, je contemple les signaux de nuit qui vont s'allumant de torpilleur en torpilleur. La rade est tout illuminée de feux rouges et blancs qui s'allument, s'éteignent et clignotent à chaque mât. Vieux signaux endormis dans les livres de tactique, après avoir si longtemps ordonné des manœuvres pour rire et des départs sans danger, pour la première fois, en cette nuit étoilée, vous n'êtes plus des signaux morts. Vous ressuscitez en ce moment, et vous voilà désormais chargés de vie et de sens parce que vos reflets dans l'eau paresseuse signifient des ordres de guerre et le commandement de marcher à l'ennemi. En songeant au mouvement dans les casernes, à la cohue des gares, aux anxiétés, à toute l'agitation dont nous sommes si éloignés, notre isolement me paraît presque enviable, et aussi la simplicité de notre rôle. La guerre dérange peu nos habitudes, nous accomplirons notre tâche naturellement, ayant tout à portée de main, quel que soit l'endroit où nos bateaux nous mèneront. Le départ est silencieux et rapide. La ville dort encore et sera bien étonnée demain de voir la rade vide. L'escadre défile hors de la passe. Le jour est maintenant levé complètement, et l'on peut distinguer la ligne entière des croiseurs qui défile à toute vitesse vers l'Est, sur la mer grise. »

Le chef de cette armée navale en miniature, celui à qui revient l'honneur de la conduire au sacrifice, en s'efforçant de le rendre aussi coûteux que possible pour l'ennemi, est le contre-amiral Rouyer. Premier de sa promotion à la sortie de l'École navale, il passe à juste titre pour un des plus brillants officiers généraux de la marine. Mathématicien et technicien hors ligne, c'est de plus un manœuvrier remarquable. On lui confia jadis le commandement de certain croiseur qui, gouvernant très mal, avait causé des accidents après lesquels personne n'en voulait plus, et dont il sut venir à bout ni plus ni moins que s'il se fût agi d'un cheval rétif à dresser. Car Rouyer est par-dessus le marché un excellent cavalier. Souple et nerveux comme une lame d'acier, il en a la finesse et la trempe, naturellement aussi le tranchant, avec quelque chose de son éclair bleu dans le regard. Le coup d'œil rapide et la parole brève sont de quelqu'un qui saisit vite et se décide sur-le-champ, sans redouter aucune responsabilité. Le connaissant depuis le collège de Cherbourg, j'en attendais beaucoup, si jamais il trouvait son heure. Les dispositions qu'il imaginera pour barrer le Pas de Calais sont d'un marin consommé.

A côté de lui se place la calme figure de l'amiral Le Cannelier. Un Normand que l'on serait tenté de prendre pour un Breton, tant il en a l'aspect solide et ramassé. De bons yeux pleins de décision, où se lit le devoir partout et toujours accompli comme la chose la plus simple du monde. Ainsi que Collingwood, l'illustre second de Nelson, mais sans que le combat soit venu couronner ses longs efforts, il a tenu pendant près d'une année le blocus au large d'Ouessant. « A commandé durant huit mois la surveillance en Manche occidentale, dur et pénible service dans une région constamment battue par les mauvais temps d'hiver ou menacée par les sous-marins allemands. Grâce à son expérience de marin, ainsi qu'à son habileté, a rempli très efficacement sa difficile mission, sans une perte ni un accident causé par la mer ou par l'ennemi », dit sa citation à l'ordre de l'armée.

VIII

LE PAS DE CALAIS

L'un commandant en chef et l'autre en sous-ordre, ils avaient donc la redoutable charge de « défendre par les armes le passage de la flotte allemande ». Or, nos forces consistant surtout en flottilles de torpilleurs et de sous-marins, il était évident que leur meilleure utilisation consisterait à les grouper dans l'endroit le plus resserré de la Manche, c'est-à-dire dans le Pas de Calais lui-même où, collées contre terre, elles attendraient l'ennemi, qui, ailleurs, passerait plus facilement par mailles. Quant aux croiseurs, ils feront masse comme ils pourront. C'est pourquoi, à peine hors des passes, la Deuxième escadre légère met le cap sur Gris-Nez, de toute la vitesse que permet sa suite de sous-marins. Le point à atteindre reste à 360 milles de l'embouchure de l'Elbe, à 150 de Cherbourg. Si les Allemands sont partis dans la nuit, ils ne peuvent guère se présenter que tard l'après-midi. L'amiral Rouyer a donc le temps de les devancer et de préparer son plan. Mais la compréhension de ce dernier supposant une connaissance préalable de la zone des opérations, il ne sera pas hors de propos de commencer par en donner un aperçu.

Qui consulte une carte nautique pour la première fois, est tenté de prendre la terre pour la mer, et réciproquement. Cela tient à ce que, contrairement aux cartes géographiques, les parties terrestres s'y montrent presque vides d'indications, sauf sur le littoral où sont marqués les points de reconnaissance, ou « amers », qui servent à la navigation. Ici, c'est sur les espaces réservés à la mer que se pressent les signes et annotations, chiffres, contours pointillés ou caractères minuscules : les chiffres représentant les profondeurs, les courbes circonscrivant les hauts-fonds, et les lettres donnant soit la nature du fond (sable, vase, gravier, coquilles brisées, etc.), soit les noms des bancs ou écueils, objet de la constante préoccupation des marins. Des ronds jaunes pour signaler les phares, les hiéroglyphes du balisage et l'infinité des petits rochers teintés de gris, comme la terre qu'ils prolongent dangereusement, complètent le tableau.

Sachant maintenant la lire, prenons la carte de la Manche (n° 5400), dont on trouvera ici une réduction. C'est entre le cap Gris-Nez et Douvres que le Pas de Calais offre sa plus petite largeur, 18 milles (33 kilomètres). Mais, presque au milieu du détroit, s'allongent deux bancs, le Varne et le Colbart : le premier un peu plus rapproché de la rive britannique, le second plus voisin de la nôtre, avec sa queue par le travers de Boulogne. Les instructions du service hydrographique, gros livre à couverture rose qui représente le « guide » du navigateur, recommandent de ne jamais s'y aventurer avec un navire de fort tirant d'eau, même aux environs de la haute mer. Un chenal étroit les sépare, dans lequel il est certain qu'une escadre ennemie hésitera toujours à s'engager, crainte que le balisage n'ait été faussé ou enlevé. Et la même raison qui nous interdisait les eaux anglaises devait, encore bien davantage, pousser les Allemands à s'en écarter. Il y avait donc toutes les raisons de prévoir qu'ils passeraient entre Gris-Nez et le Colbart, où le couloir n'a que 8 milles de large. Premier repère.

Mais comment donne-t-on dans le Pas de Calais, quand on descend de la mer du Nord? Nulle part les lignes pointillées qui dessinent les bancs de sable sur la carte ne se montrent aussi multipliées que le long des côtes de France et d'Angleterre, à l'ouvert du détroit et parallèlement à ses rivages. Prolongeant au loin les plages du Kent, de Douvres à l'embouchure de la Tamise, ce sont les larges basses Goodwin : en face, une multitude de petites dunes sous-marines, alignées et serrées comme des rides, et dont les principales s'appellent le Dyck, les Ruytingen et le Hinder, s'étendent à une quinzaine de milles devant Dunkerque. Entre les deux s'ouvre un canal, d'environ 11 milles de largeur, que doit suivre toute flotte faisant route sur le

Pas de Calais. Mais, à peu près dans l'axe, se dresse l'épi du Sandettié, symétrique, ici en dehors, avec le Varne et le Colbart en dedans. Second repère. Et retenons ces appellations de bancs, ainsi que leurs emplacements, parce qu'ils vont dicter la tactique de l'amiral Rouyer.

IX

LA MARCHE AU SACRIFICE

Formée en ligne de file, la Deuxième escadre légère était éclairée à cinq milles devant par la *Jeanne d'Arc*, que précédaient elles-mêmes les 1re et 2e escadrilles de torpilleurs, également en lignes de file, et placées à 10 milles de part et d'autre de son avant. Telles les antennes d'une bête marchant à la découverte, sur un terrain où quelque mauvaise surprise serait possible. En cas d'alerte, la *Jeanne d'Arc* prendra le poste n° 3 dans la ligne des croiseurs, tandis que les torpilleurs viendront se ranger en queue, prompts à s'élancer. Aussitôt chacun à sa place, signal d'approvisionner les parcs des différentes pièces et de procéder aux dernières dispositions de combat, celles que l'on ne prend que lorsqu'on s'attend vraiment à livrer bataille. Alors fut jeté à la mer tout le matériel qui n'était pas strictement indispensable et pouvait alimenter un incendie, comme embarcations de trop, linoléum dont sont recouverts les ponts en tôle, bancs et tables de bois sur lesquelles mange l'équipage, paperasses, meubles des cabines, fauteuils, matelas et coussins des « carrés », rambardes inutiles, ainsi que quantité d'objets de simple commodité dont l'absence va rendre les navires à peu près inhabitables. En revanche, ils redeviendront ce pour quoi ils ont été uniquement construits : des monstres machinés en vue de la lutte suprême, hérissés à tous les étages de longues gueules de canons, de projecteurs électriques, de télémètres, de fils et d'antennes, de herses à fanaux, et de tous les appareils que la science a inventés pour envoyer la mort plus sûrement et de plus loin. Comme il faisait très chaud, les hommes étaient à demi nus, en pantalon de toile et tricot, les servants des pièces avec une espèce de casque à oreillettes pour ne pas être rendus sourds par l'effroyable vacarme qui peut éclater d'un moment à l'autre. A l'exaltation du départ avait succédé un calme impressionnant. Voyant faire des préparatifs qui indiquaient l'imminence du combat, sans qu'il fût question des Anglais, les matelots eurent conscience de ce que la patrie exigeait d'eux, et n'en devinrent que plus farouchement déterminés à remplir leur devoir, tout leur devoir.

« Nous avons tous pensé que l'action était proche, dit une lettre du capitaine de vaisseau Grasset, commandant de la *Jeanne d'Arc*. Nous ne savions pas si l'Angleterre marchait avec nous, et nous allions nous trouver avec nos six malheureux vieux croiseurs en face de toute la flotte allemande. C'était le sacrifice. J'ai harangué mes hommes, qui serraient les poings. Ils étaient résolus. J'ai ensuite fait crier trois fois : Vive la France ! » Évidemment, tout cela n'émeut plus autant, du moment que la rencontre n'a pas eu lieu. Mais il faut se mettre à la place de gens chez lesquels ne pouvait subsister aucune espèce de doute sur le sort qui les attendait, et l'acceptant avec la plus héroïque résignation, non sans se promettre de vendre à bon prix la vie dont ils faisaient oblation par avance. Car si, à terre, on peut encore se tirer d'une mauvaise affaire, ou devenir prisonniers comme les braves de Douaumont, à bord c'est la destruction totale et sans remède, la grande descente en tourbillon du navire crevé et chaviré, entraînant tout son monde dans les profondeurs où l'eau achèvera ceux qui n'auront pas été tués par le feu.

En attendant que la Deuxième escadre légère vînt le couvrir, le Pas de Calais ne demeurait pas complètement dégarni. La seconde escadrille de sous-marins, qui comprenait deux divisions de quatre submersibles chacune, avait Calais comme base et n'en quittait que très exceptionnellement. De même pour la flottille de douze torpilleurs stationnée à Dunkerque. Les deux groupes constituaient nos avant-postes dans la mer du Nord, et se tenaient toujours prêts à former barrage, les torpilleurs du soir au matin, les sous-marins inversement : alternance dont la cause est que ceux-ci n'y voient pas clair la nuit, et que les autres sont trop visibles de jour. Leurs commandants avaient des instructions secrètes pour le temps de guerre, avec ou sans le concours des Anglais. Depuis la mobilisation, tous ces petits bâtiments étaient en appareillage, les feux allumés et chacun à son poste de veille. Pendant la nuit du 2 au 3 août, ils avaient reçu la même dépêche que la *Marseillaise* et, comme il était à ce moment-là 3 heures du matin, ce furent les torpilleurs de Dunkerque qui sortirent pour occuper leurs positions initiales, quelque part dans le détroit. Mais ils rentrèrent à 6 heures, remplacés par l'*Escopette* (guidon du capitaine de frégate Mercier) et les deux divisions de submersibles de Calais, qui s'établirent en surveillance à peu près dans les mêmes parages — on comprendra que je m'abstienne d'indications plus exactes.

C'est à ce moment que parvient la première communication de l'amiral Rouyer, annonçant sa prochaine arrivée. « Ce télegramme, dit le commandant Saillard, laissait subsister un doute dans mon esprit sur l'attitude de l'Angleterre, que certains renseignements dignes de foi reçus à Dunkerque présentaient comme une alliée entrant en ligne immédiatement. » Et si j'insiste sur l'incertitude alors régnant au sujet de la Grande-Bretagne, c'est pour la raison qu'on ne s'en est nulle part autant préoccupé que dans les milieux maritimes, où c'était la question essentielle ; et aussi parce que, seule, elle justifie l'envoi de la Deuxième escadre légère au-devant des Allemands, et lui donne son veritable caractère de marche au sacrifice.

Sur les croiseurs, la matinée avait été consacrée à des exercices de combat. Il faisait le plus beau temps du monde, un soleil torride, et la vue portait loin. On ne rencontrait plus aucune de nos barques de pêche, si nombreuses d'ordinaire, toutes étant rentrées au port par suite de la mobilisation. Des navires de commerce à peu près comme d'habitude, quoique l'absence des Allemands se fît déjà remarquer. L'*Escopette* arrêtait cependant un grand quatre-mâts des leurs et recevait immédiatement ordre de le relâcher. Nos sous-marins en faction dans le détroit signalaient leur position par T. S. F. Mais ce que longues-vues et jumelles scrutaient le plus avidement, c'étaient les eaux anglaises, où ne se révélait aucun mouvement.

IX

NUIT D'ATTENTE

Enfin, vers les 4 heures du soir, on arrive à hauteur du cap Gris-Nez, lequel dessine un brusque saillant entre la mer du Nord et le Pas de Calais : falaise à pic d'environ 50 mètres de hauteur, dont les rochers, d'un gris foncé, s'empourprent aux rayons du soleil couchant. Un torpilleur de Dunkerque arrive à toute vitesse, portant un officier anglais chargé de prévenir le chef de notre escadre que, les conventions navales ne jouant pas, la marine britannique a ordre de conserver la neutralité. L'amiral Rouyer se trouve donc bien réellement seul, provisoirement du moins, pour faire face à l'avalanche possible. C'est au nord de la ligne à peu près Est-Ouest, reliant Gris-Nez à la pointe Dungeness sur la côte opposée, qu'il a décidé de s'établir en croisière. Quatre divisions de sous-marins sont postées en arrière, formant double chaîne d'un bord à l'autre du détroit. Si l'ennemi se présente, les croiseurs chercheront à l'entraîner vers les barrages de sous-marins qui, dirigés eux-mêmes au moyen de la T. S. F., torpilleront tout ce qui passera à leur portée. Au point de vue militaire, la conception de l'amiral répondait, autant qu'humainement faire se pouvait, aux ordres qu'il avait reçus. « Sans doute, a écrit le capitaine de frégate Vindry, son très distingué chef d'état-major, notre force navale était incapable de s'opposer victorieusement au passage de la flotte allemande, ou même d'un détachement de croiseurs modernes. Mais il apparaissait clairement qu'un geste de sacrifice était demandé, dont les conséquences pouvaient être grandes. Au surplus, l'action de nos sous-marins permettait d'escompter une pénalité sévère pour les bâtiments ennemis pénétrant dans une mer étroite. »

La fin de l'après-midi se passa à faire le serpent entre Gris-Nez et Dungeness, à la vitesse de 10 nœuds, toutes les vigies explorant l'horizon du côté d'où pouvaient surgir les Allemands. Vers 6 heures du soir, la *Jeanne d'Arc*, toujours en éclairage, signale dix-neuf destroyers britanniques sortant de Douvres et faisant route vers le Nord, sans que rien permette de deviner leurs intentions. « A la nuit tombante, relate l'enseigne de vaisseau Meunier-Joannet, nous rencontrons la malle de Boulogne, qui paraît plus bondée et plus pressée que de coutume. Elle est pleine de Français allant rejoindre leurs régiments. Ils nous ont acclamés et l'équipage a répondu par des hourras. Puis ceux de la malle ont chanté *la Marseillaise*. Toujours pas d'ennemi en vue. »

Arrive l'heure de prendre les dispositions pour la nuit. Devenant inutiles pendant l'obscurité, les sous-marins regagnent leurs bases, relevés par les première et deuxième escadrilles de torpilleurs auxquelles se joint la flottille de Dunkerque. En cas d'attaque, leur rôle sera de se replier sur les croiseurs, dont la ligne est reportée en deçà du détroit, et de profiter du moment où l'ennemi se trouvera engagé avec eux pour foncer dessus. La *Jeanne d'Arc* a repris sa place dans le rang, et la fin doit toujours se dérouler comme il a été dit ci-dessus. « D'une heure à l'autre toute l'escadre allemande débouchant de la mer du Nord peut, si les Anglais n'interviennent pas, tomber sur nos croiseurs antiques et nous envoyer par le fond avec le sans-gêne d'un train passant à travers une haie. Tout notre rôle se bornera à faire payer le passage et à couler au bon endroit. A bord, rien n'est changé. On se croirait aux manœuvres. Personne ne parle du danger possible, et, s'il est souvent question de ce qui doit se passer à terre, nul ne se préoccupe de ce qui peut arriver ici. Je voudrais tout de même bien savoir ce que vont faire les Anglais. » (Enseigne de vaisseau Guichard.)

A 10 heures du soir, les antennes de la télégraphie sans fil recueillaient le message suivant :

Marine Paris à amiral Marseillaise. — *Vous pouvez communiquer avec commandant forces anglaises.*

Grande, excellente nouvelle, qui autorisait tous

les espoirs ! L'Entente ne resterait décidément pas un vain mot. Mais, à 3 heures du matin, l'amiral Rouyer informait Paris qu'il n'avait pas encore réussi à se mettre en relation par T. S. F. avec nos alliés. A peu près à la même heure, il apprenait que la guerre était officiellement déclarée par l'Allemagne à la France. Désormais, la marine pouvait répondre : Parée !

Devant les premières blancheurs de l'aube, les torpilleurs rentrèrent au port, comme une nuée d'oiseaux nocturnes regagnant leurs aires. La grande nuit d'angoisse était passée. Quand reparut le resplendissant soleil d'août, sur la mer semblable à une nappe d'huile fumante, nos vieux croiseurs cuirassés étaient toujours là. L'holocauste n'avait pas été consommé. Mais le rôle d'Iphigénie est-il moins dramatique, et son dévouement moins admirable, parce qu'une bonne déesse ravit la victime au sort cruel qu'elle avait si noblement accepté? « On sourira peut-être dans la marine — se demande l'enseigne Guichard. — Mais songera-t-on, après avoir souri, à l'abnégation de ceux qui, recevant l'ordre de se sacrifier, s'y sont rendus de toute la vitesse de leurs vieux croiseurs démodés? Est-ce de notre faute si l'ennemi n'est pas venu? Tout de même, me dit le commandant, les habitants de Douvres ont dû avoir une fameuse émotion en apercevant hier nos silhouettes grises ! »

Dans la matinée survient à toute allure un grand destroyer anglais, en tenue de combat. Défilant à contre-bord de la *Jeanne d'Arc*, qui a repris sa place en flanc-garde, il la salue le premier de son pavillon national, ce que ne fait jamais un bâtiment de guerre, et les équipages échangent des hourras. Il apporte confirmation de l'entrée en guerre de son pays. Parvenu à hauteur de la *Marseillaise*, il stoppe et met à la mer une embarcation qui amène un officier d'état-major avec des timoniers-télégraphistes. On imagine avec quel enthousiasme ils furent accueillis ! La jonction entre les deux flottes amies s'opérait à distance. Mais ce fut seulement à 2 h. 30 que l'amiral Rouyer reçut avis de se conformer aux dispositions du plan élaboré en prévision de la coopération à laquelle la violation de la Belgique par l'Allemagne entraînait l'Angleterre.

X

LE DISPOSITIF ANGLO-FRANÇAIS

Il comprenait trois parties. L'une, applicable à la Méditerranée, dont nous n'avons pas à nous occuper ici. Les deux autres concernaient la défense du Pas de Calais et de la Manche occidentale. Tombées en désuétude par suite de la marche des événements, il n'y a plus aucun danger à les publier. Voici la première, dont la rédaction remonte au 23 janvier 1913 : « Dans le cas d'une alliance avec le gouvernement français dans une guerre avec l'Allemagne — et nous avons vu combien cette alliance était loin d'être conclue, aussi malheureusement pour les Anglais que pour nous — la marine britannique prendra la responsabilité de défendre le Pas de Calais, à la fois de jour et de nuit, contre le passage des navires ennemis. Les bâtiments anglais employés à cet effet seront : une flottille de contre-torpilleurs et deux flottilles de sous-marins basées sur Douvres, avec leurs petits croiseurs annexes.

» La marine française soutiendra cette opération au moyen de flottilles de sous-marins basées sur

Calais et Boulogne ainsi que des bâtiments de la défense mobile. Les bâtiments de la défense mobile limiteront leurs opérations au voisinage de leurs propres côtes, en dedans des bancs du Dyck, à l'est de Calais. Les sous-marins français opérant depuis Calais ou Boulogne surveilleront la ligne cap Gris-Nez, banc du Varne. »

La seconde partie du plan est datée du 10 février 1913. Avec le même protocole que la précédente, elle prévoit que la protection de la Manche occidentale sera placée sous le commandement d'un amiral français disposant des forces suivantes : (bâtiments français) 6 croiseurs cuirassés, 2 croiseurs protégés, des paquebots réquisitionnés, 3 escadrilles de 6 contre-torpilleurs, une escadrille de torpilleurs basée sur Cherbourg, 2 escadrilles de 6 grands sous-marins, une escadrille de petits sous-marins basée sur Cherbourg ; (bâtiments anglais) 4 croiseurs protégés.

Passant à l'exécution de ce nouveau schéma, l'amiral Rouyer renvoyait à Cherbourg le *Dunois* ainsi que la première escadrille de sous-marins (la seconde restant dans le Pas de Calais), et les première et troisième escadrilles de torpilleurs (la deuxième devant le suivre). Il était peu après averti que l'amiral anglais Wemyss le rallierait le lendemain mercredi 5 août, par 49° 40′ de latitude Nord et 6° 32′ de longitude Ouest de Paris, au beau milieu de la Manche occidentale, avec *Charybdis*, *Diana*, *Eclipse* et *Talbot*, vieux croiseurs dont les trois premiers avaient 5 750 tonnes, 21 nœuds de vitesse et 11 pièces de 152, le *Charybdis* un peu plus faible. Lui-même quittait le Pas de Calais à 5 heures du soir le 4, laissant le commandement supérieur de nos escadrilles au capitaine de frégate Saillard (sur le *Simoun*). Il se trouvait au rendez-vous convenu le lendemain matin, et pouvait télégraphier dès 4 heures de l'après-midi que le dispositif anglo-français était réalisé.

En ce qui concernait la Manche occidentale, il s'agissait de parer à toute attaque de croiseurs ennemis, ceux tenant encore la mer comme ceux qui auraient pu venir d'Allemagne en faisant le tour par le nord de l'Écosse, de visiter et de capturer éventuellement les navires de commerce arrivant de l'Atlantique, et enfin de protéger les transports de troupes qui allaient commencer. Pour remplir ce triple objectif, une croisière fut organisée dans des parages que les coups de vent de « suroît » l'hiver, les brumes l'été, et les courants en toute saison, rangent parmi les plus mauvais qui soient au monde, et dont les innombrables écueils, aux noms sinistrement évocateurs, offrent encore plus de dangers que les bancs de sable semés à profusion le long des rivages du Pas de Calais.

Sous le commandement supérieur de l'amiral Le Cannelier, nos six croiseurs *Gloire*, *Gueydon*, *Dupetit-Thouars*, *Desaix*, *Kléber*, *d'Estrées* (les trois derniers armés depuis la mobilisation) et les quatre anglais, prirent une garde qui devait se prolonger jusqu'au mois d'avril. Jour après jour, nuit après nuit, sans trêve ni relâche autre que pour aller charbonner à Brest, ils sillonnèrent les flots verts ou bleus, calmes ou démontés, de ce que les Bretons appellent la mer d'Occismor, une de celles qui ont la pire réputation parmi les marins. Quelque temps qu'il fît, du lever au coucher du soleil, ils parcouraient, chacun sur une parallèle au chenal, l'espace compris entre deux transversales tracées sur la carte, et revenaient en sens inverse du coucher au prochain lever, dessinant avec leurs sillages la trame vite effacée d'un autre voile de Pénélope. Pas de plus dur ni de plus ingrat métier !

Une seconde barrière, de précaution, était constituée en arrière par des sous-marins et des torpilleurs. L'amiral Rouyer se tenait à Cherbourg avec *Marseillaise*, *Jeanne d'Arc*, *Amiral Aube*, *Cerbère* et *Francis Garnier*, prêt à intervenir comme soutien.

Dans l'Est, c'étaient les Anglais qui barraient le détroit avec notre appui. Quand les sous-marins allemands commencèrent à se montrer, on sait comment ils le fermèrent au moyen de filets, sans que les requins allemands soient jamais parvenus à arrêter ni même à troubler le formidable mouvement de va-et-vient que représentaient le transport, l'approvisionnement et la relève des centaines de milliers d'hommes auxquels atteignait bientôt la « misérable » petite armée anglaise.

Peu à peu ralliait à Cherbourg ce que l'on pouvait mettre dehors en fait de vieux croiseurs au rancart, ainsi que quelques paquebots transformés en croiseurs auxiliaires. Des vapeurs étaient réquisitionnés, que l'amiral Rouyer armait avec des canons pris sur ses propres unités. Ils procédaient à leur entraînement et effectuaient leurs écoles à feu sur le terrain de croisière, où ils étaient aussitôt expédiés. C'est ainsi que la Deuxième escadre légère se trouva successivement renforcée par les croiseurs cuirassés *Kléber* et *Desaix*, les croiseurs protégés *Châteaurenault* et *Guichen*, et les paquebots mobilisés *Provence*, *Lorraine*, *Savoie*, *Flandre*, *Champagne* (transatlantiques), *Rouen*, *New-Haven*, *Pas de Calais* (malles d'Angleterre), *Malte*, *Au Revoir*, *Timgad*, *Europe* (services divers). Ces derniers furent employés, soit à renforcer la ligne de surveillance, soit à des transports de troupes ou de réfugiés. Quelques-uns passèrent en Méditerranée, d'autres furent rendus à leurs compagnies. Le *Rouen* remplaça un peu plus tard le *Dunois* comme bâtiment du chef de division de flottilles ; l'*Au Revoir* devint dragueur de mines.

XI

APPARITION DES SOUS-MARINS ALLEMANDS

Jusqu'au 24 août, le dispositif commun ne reçoit guère de modifications. Mais la marche de la guerre amène bientôt de nouvelles nécessités à satisfaire. Le *Guichen* et le *Surcouf* sont envoyés dans le golfe de Gascogne, où il y a lieu de redouter un raid du croiseur allemand *Stettin*, dont on a perçu des appels de T. S. F. rapprochés, et de veiller sur des cargos signalés comme devant quitter Bilbao. Le *Guichen* ira ensuite stationner dans les eaux marocaines. Par suite de l'avance des armées ennemies en Belgique, on remplace provisoirement le Havre par Saint-Nazaire comme base de l'armée anglaise, d'où une modification et un allongement dans la couverture des transports. Il faut même prévoir l'évacuation de nos ports du Nord, ce qui n'empêche pas d'avoir à défendre nos côtes et à agir contre celles des Flandres. Deux contre-torpilleurs construits à Nantes pour la République Argentine, l'*Aventurier* et l'*Intrépide*, sont envoyés à Dunkerque avec le *Capitaine Mehl* et le *Francis Garnier*, sous la direction du

Dunois, pour soutenir l'aile gauche des Alliés. Ils coopèrent avec des canonnières et des torpilleurs anglais au bombardement de la côte belge, le long de laquelle les Allemands ont progressé. L'établissement par ces derniers de batteries de gros calibres sur les dunes et dans l'ouest d'Ostende, l'inondation de la région de Nieuport et le mouillage de mines ne tarderont pas à limiter leur utilisation. Ils resteront néanmoins à Dunkerque et rempliront les missions les plus variées. Enfin, il y avait à évacuer les émigrés belges et à transporter des divisions françaises de renfort, envoyées dans le Nord *viâ* le Havre et Cherbourg.

Les contre-torpilleurs fournissaient un service des plus pénibles, à commencer par les escortes nécessaires à la protection des transports de toute espèce. Une escadrille se rendait au Havre afin d'assurer la sécurité de la nombreuse flotte commerciale qui en fréquentait le port. Lorsque la bataille de l'Yser eut définitivement écarté la menace allemande sur Calais, une autre escadrille fut détachée pour patrouiller dans le couloir demeuré libre entre la côte française et la zone des filets. Les atterrages de Dieppe et de Cherbourg demandèrent aussi à être défendus par des détachements de torpilleurs. Et tout cela, dont la statistique serait saisissante, sans le moindre relâchement dans la croisière en Manche occidentale.

Quant à nos sous-marins, ils furent d'abord employés comme nous l'avons expliqué d'autre part. A la fin de septembre, la raréfaction des croiseurs allemands ayant permis d'alléger la surveillance sur les lignes du Cotentin, l'amirauté britannique nous demanda de participer à certaines expéditions de submersibles dans la mer du Nord, sur lesquelles je m'abstiendrai de fournir le moindre détail, parce qu'elles pourraient se renouveler. Un des nôtres prit part entre autres à un raid contre Héligoland, et rentra avarié à Cherbourg (décembre 1914). Car nos sous-marins n'avaient décidément pas de moteurs capables d'entreprendre d'aussi longs parcours. Comme nos torpilleurs, ils eurent vite besoin de réparations importantes, dues aux économies réalisées sur leur entretien pendant la paix. Des retubages de chaudières et des réfections de tous genres s'imposèrent assez vite, et on eut grand'peine à les réaliser en combinant les ressources des quatre premiers arrondissements maritimes. Oh ! les misères que ces petits bâtiments endurèrent pendant l'hiver 1914-1915, et la rage de leurs officiers et équipages de ne pas être mieux outillés pour combattre !...

Tel est le rôle de la Deuxième escadre légère, depuis le début des hostilités jusqu'au jour où la destruction des dernières unités de surface que l'ennemi eût encore à la mer, et l'apparition de ses sous-marins, vinrent rendre le maintien de grands bâtiments de guerre au large aussi inutile que dangereux. Les croiseurs de l'amiral Weymiss étaient déjà rentrés au port depuis plusieurs semaines, lorsqu'on se décida à rappeler les nôtres. Durant leur morne et rude faction de plus de huit mois, ils n'avaient pas parcouru moins de 40 000 milles marins, presque deux fois le tour du monde. Mais la garde fut si bien montée par eux et par nos flottilles que, malgré l'appât représenté par le prodigieux mouvement de transit que la guerre a développé entre la France et l'Angleterre, les Allemands n'ont jamais osé pénétrer en Manche, exception faite pour quelques courtes et très rares incursions de submersibles. Nos officiers et équipages ont d'ailleurs assez amèrement regretté de ne pas avoir été aussi favorisés que les Anglais, lesquels eurent plusieurs heureuses rencontres avec l'ennemi dans la mer du Nord — dont les deux belles victoires navales du Dogger Bank et du Jutland. « Si au moins nous tombions sur quelque croiseur allemand rentrant de campagne, fût-il beaucoup plus fort que nous ! » — m'écrivait un jeune officier. Faute de quoi le public a pour ainsi dire ignoré la part considérable qui revient à nos marins du Nord dans le succès de notre résistance contre l'envahisseur. A leur actif il n'a retenu que le nom de Dixmude, que lui ont fait connaître les communiqués du généralissime. A n'en pas douter, ceux qui arrêtèrent l'armée allemande en marche sur Calais sont des héros et jamais on ne leur rendra assez hommage. Mais parce que les autres n'ont pas eu l'occasion de se faire tuer avec éclat, les horribles disparitions par suite de mines ou de torpilles dues à la guerre sous-marine ayant fini par devenir presque banales, faut-il oublier que, sans eux, les victoires de la Marne et de l'Yser n'auraient pas eu de lendemain?

Le remplacement de l'amiral Rouyer (27 octobre 1914) marque la fin d'une phase caractéristique des opérations dans la Manche et dans le golfe de Gascogne. Partout chassés de la surface des mers, les Allemands vont avoir recours aux submersibles et en faire un emploi que nous n'avions pas su prévoir, malgré les enseignements de l'amiral Aube, dont s'inspirèrent nos ennemis. Jugeant des leurs d'après les nôtres, nous nous refusions à en admettre l'efficacité. Il fallut les sanglantes leçons de l'expérience pour qu'on y cherchât remède. Ce furent d'ailleurs les Anglais, beaucoup plus menacés que nous, qui recoururent les premiers à l'armement des chalutiers, lesquels vont remplacer les navires proprement dits de combat dans la chasse aux sous-marins. Braves petits chalutiers! C'est sur leur entrée en scène, véritable révolution dans les méthodes de la guerre navale, que je terminerai ce récit, me réservant pour une autre fois de conter leurs inlassables et trop souvent mortelles randonnées, à la poursuite d'un invisible et insaisissable ennemi.

DANS L'ADRIATIQUE

I

« IL MARE ADRIATICO

Comment pénétrer dans une mer essentiellement italienne, sans commencer par la saluer du nom sonore que lui donne la nation, sœur de la nôtre, à qui elle appartient de toute ancienneté, géographiquement autant qu'historiquement?

Et comment ne pas évoquer, à son propos, la légendaire cérémonie par laquelle chaque nouveau doge de Venise remémorait des droits imprescriptibles en venant l'épouser symboliquement du haut de la poupe du *Bucentaure*, la fastueuse galère tout écarlate et or?

Longue d'environ 450 milles (830 kilomètres), large d'entre 60 et 100 (110 à 185 kilomètres), la mer Adriatique est divisée en deux régions bien distinctes par une ligne traversant du cap Testa del Gargano (près de Vieste) — ergot de la patte italienne — à Raguse, aboutissement de l'archipel dalmate. Dans la moitié supérieure, rien que des petits fonds, de 30 à 200 mètres, éminemment propres à la pose des mines. L'autre, au contraire, qui baigne le Monténégro et l'Albanie, dessine une sorte de cratère où la sonde descend jusqu'à 1 600 mètres.

Même contraste entre les deux rives opposées. Basse, sablonneuse, d'aspect monotone et plutôt triste, l'italienne n'offre d'abri qu'à Venise et à Brindisi, vers ses deux extrémités. Pas une île où s'accrocher. En face, un littoral élevé, pittoresque, théâtral même. Mais, s'il est presque partout à pic, une chaîne d'îles le double dans la partie nord, permettant de se rendre de Pola à Cattaro par des chenaux que l'Autriche peut facilement rendre inaccessibles. Nombreux y sont les points de relâche : Trieste, que revendique si justement l'Italie, Pola, le grand arsenal austro-hongrois, Fiume, Zara, Sebenico, Spalato, Raguse, sites où les restes des splendeurs passées, vénitiennes et romaines, teintées de turquerie plus récente, attiraient les touristes du yachting. Un peu plus loin, Cattaro, dans une situation exceptionnelle, au beau milieu de l'Adriatique. Par delà, règne la grande sauvagerie monténégro-albanaise. Côte et habitants à l'avenant. Aucun mouillage pour une escadre, encore moins de ressources. Il faut atteindre Valona et les îles Ioniennes, vis-à-vis le talon de la botte, pour trouver où se remiser. Or, au début des hostilités, la neutralité des deux puissances qui tiennent le passage d'Otrante, Italie et Grèce, nous interdisait de fréquenter chez elles.

Du haut en bas du long couloir que forme l'Adriatique, sévissent alternativement la bora et le sirocco. L'une, glaciale, qui se lève subitement, descendue des sommets neigeux formant cirque alentour, et souffle en tempête pendant des neuf, quinze et jusqu'à trente jours de suite, dans la mauvaise saison. Le second arrive d'Afrique encore tiède, et laboure profondément la mer, en la couvrant de brumes épaisses. Durant l'hiver qu'ils vont passer dans ces parages inhospitaliers, nos marins ne dormiront pas souvent, poussés tantôt par la première en perdition sur la côte italienne, tantôt par le dernier jusqu'à toucher les falaises de l'Albanie, dont ils entendront plus d'une fois les brisants avant que de les voir.

Donc, pas grand'chose à faire dans la partie septentrionale de l'Adriatique, à cause des mines. Quant à l'autre moitié, les Autrichiens ne devaient pas tarder à la rendre intenable, grâce à la possession de Cattaro, d'où de petites unités pouvaient toujours sortir, au moins les sous-marins, pour attaquer des bâtiments privés du moindre refuge. Le seul moyen de s'y maintenir eût été d'occuper une des îles les plus rapprochées de leur repaire, Lissa, Lagosta, Meleda, ou la presqu'île de Sabioncello, peu importe, et de l'organiser comme base. On songea bien, un moment, à s'emparer de Cattaro même, ce qui ne représentait rien moins qu'une seconde expédition des Dardanelles, mais comme celle-ci était déjà résolue, et qu'elle allait absorber toutes les disponibilités anglo-françaises sur terre, on y renonça purement et simplement.

II

ENTRÉE EN SCÈNE DE NOTRE ARMÉE NAVALE

Nous n'en étions pas moins irrésistiblement appelés dans l'Adriatique, ne fût-ce que par la nécessité de prêter aide à la Serbie et au Monténégro, les deux premiers pays sur lesquels s'étaient rués les empires de proie. Artillerie, avions, télégraphie sans fil, munitions, vivres, formations sanitaires, il fallait pourvoir nos alliés des Balkans de tout ce qui leur manquait encore plus qu'à nous-mêmes. Du moins pouvaient-ils arguer de l'épuisement consécutif à une précédente campagne, raison inexistante chez les grandes nations de l'Entente, que les provocations d'une Allemagne archiprête n'étaient point parvenues à distraire de leurs illusions pacifistes — l'Angleterre comptant sur sa flotte pour la préserver de toute atteinte, la Russie poursuivant la chimère de l'arbitrage devant le tribunal de La Haye, et la France perdant son temps à discuter interminablement les plans d'une cité future où il n'y aurait plus d'armée.

En ce qui concerne la Serbie, depuis les franchises que le traité de Bucarest (1913) lui avait reconnues à Salonique, il était possible d'y faire parvenir ce dont elle avait besoin par la ligne ferrée qui remonte le Vardar. A l'extrême rigueur, le même chemin eût permis de gagner le Monténégro, à condition que le matériel, amené par wagons jusqu'à Nisch ou Belgrade, fût ensuite transbordé sur des chars à bœufs pour traverser, soit l'ancien sandjak de Novi-Bazar, soit la haute Macédoine et l'Albanie. Mais, comme tout risquait de se perdre dans des régions sans routes et infestées de bandits, mieux valait recourir à la voie de mer, malgré la proximité de la flotte ennemie et l'absence de ports au Monténégro. Car sur les cinquante et quelques milles de littoral bordant ce dernier, l'Autriche-Hongrie a pris soin de s'en adjuger les deux tiers, dont Cattaro et ses fameuses bouches, clef de l'Adriatique. L'infime étendue de côtes qu'elle a laissée à son voisin n'offre que deux rades foraines, Dulcigno et Antivari. Cette dernière est du reste de beaucoup la plus fréquentée, parce qu'elle possède un wharf et qu'un chemin de fer la relie à l'intérieur du pays.

Il va sans dire qu'aussitôt la guerre déclarée par eux, les Autrichiens avaient envoyé des croiseurs bombarder Antivari. Après avoir coulé un cargo devant la jetée, afin de la rendre inutilisable, ils s'occupaient de miner les alentours, lorsque, dans la matinée du 16 août 1914, survint notre armée navale au complet : 15 cuirassés de ligne, 6 grands croiseurs et une trentaine de bâtiments légers, auxquels s'était adjointe une division légère britannique — de quoi l'emporter haut la main sur les 11 cuirassés (dont 6 de 8 000 à 10 000 tonnes seulement), 2 croiseurs d'escadre, 18 destroyers et 8 sous-marins que l'ennemi pouvait nous opposer.

« C'est le 14 au matin que nous appareillons (de Malte). Très beau temps, comme tous ces jours derniers. Nous filons vers le canal d'Otrante, l'escadre en ligne de file, nous autres torpilleurs en reconnaissance en ligne oblique.

» Rien en vue que quelques voiliers inoffensifs se hâtant de hisser leur pavillon à notre approche. Mais, vers Corfou, la brume se fait dense et moite, nous paralysant dans notre marche.

» Au nord de l'île Fano (dans le nord-ouest de Corfou), nous avons trouvé une division anglaise, deux croiseurs solides et douze destroyers qui nous attendent stoppés (sous le commandement du contre-amiral Troubridge).

» C'est un superbe spectacle de voir nos flottes, cinquante et quelques bateaux, immobiles sur une mer plate, devant les terres embrumées de l'Albanie. Et les torpilleurs, grands mangeurs de combustible, s'en vont accoster les cuirassés qui complètent leur plein de charbon.

» Nous autres mazoutiers (certains torpilleurs chauffent avec l'huile lourde appelée mazout) avons comme « mère gigogne » un énorme vapeur de

20 000 tonnes (la *Dordogne*, ancien *San Isidro*) qui vient d'être acheté à l'Angleterre. Et à chacun, suivant son tour, il déverse à plein tuyau le liquide gluant et noirâtre.

» L'armée navale remonte dans le Nord avec les Anglais. Elle a trouvé devant Durazzo un croiseur autrichien sur lequel on a ouvert le feu. » (Journal de l'enseigne de vaisseau de 1re classe Pierre de Loÿs, du *Janissaire*.)

III

DIFFICULTÉS DE L'OFFENSIVE

Ce n'était pas en effet dans l'unique but de faire lever le blocus d'Antivari, et d'ouvrir passage au cargo qui suffisait pour ravitailler une population de 300 000 âmes, que nous nous étions décidés à envoyer toutes nos forces de haute mer en Adriatique. Elles avaient aussi instruction de s'y livrer à telle opération de guerre que leur commandant en chef jugerait convenable, la plus entière liberté étant donnée à ce dernier quant au choix de l'objectif.

Prendre l'offensive? A la bonne heure! Seulement il aurait fallu savoir où la porter, et s'y être disposé par avance.

Or, notre thème de guerre en Méditerranée avait été établi contre la Triplice, tandis que la neutralité de l'Italie nous laissait face à face avec l'Autriche, par conséquent libres d'aller l'attaquer chez elle. Heureuse éventualité qui ne nous surprenait pas moins que la traîtresse invasion allemande à travers la Belgique, au sujet de laquelle nous avions pourtant reçu assez d'avertissements....

Certes, on pouvait tout demander à des officiers

et à des équipages comme les nôtres, résolus au dernier sacrifice et brûlant de joindre l'adversaire. Dépouillés des revêtements de bois ou de linoléum qui les rendaient à peu près habitables, les navires n'étaient plus que des forteresses flottantes en acier tout nu, où le soleil d'août par en haut, et les chaufferies par en dessous, entretenaient une température de four à rougir les boulets. De manière que coques et hommes vibraient à l'unisson, dans cette marche à l'ennemi.

Mais, si nos escadres étaient admirablement entraînées au combat, elles arrivaient trop tard pour bénéficier d'une surprise, les Autrichiens ayant eu tout loisir de bien placer leurs submersibles et de semer des mines aux bons endroits. En outre, nos états-majors n'avaient aucune connaissance pratique d'une mer où nos bateaux ne pénétraient quasiment jamais et, faute d'un service de renseignements inexistant — comme tant d'autres non moins importants, hélas ! — n'étaient nullement au courant de ce qui s'y passait.

Félicitons-nous seulement que les Autrichiens n'aient pas eu dès alors des commandants de sous-marins capables de se livrer à des tentatives comme celles qu'ils réussirent un peu plus tard, quand ils vinrent torpiller le *Jean Bart* (21 décembre 1914) (1)

(1) Le *Jean Bart* fut torpillé par le *U-12* (lieutenant de vaisseau Zerch), qu'un sous-marin italien envoya au fond le 11 août 1915. Le nombre et la solidité de ses cloisons encore toutes neuves sauvèrent le cuirassé.

et le *Léon Gambetta* (27 avril 1915) (1), sans compter toutes les rencontres auxquelles nos cuirassés n'échappèrent que par miracle !

Comme on le sait, ce raid à grande envergure aboutit en tout et pour tout à la destruction du petit croiseur autrichien *Zenta* (2 300 tonnes, huit canons de 120 et huit de 47), surpris le long de la côte monténégrine avec trois torpilleurs qui parvinrent à s'échapper. Bien entendu qu'Antivari se trouva débloqué du même coup. Provisoirement du moins, car, pour en garder les avenues libres, il aurait fallu s'assurer la maîtrise de l'Adriatique, ce qui n'était possible qu'à la condition d'y occuper un point d'appui, ainsi que nous l'avons dejà dit plus haut.

(1) On en retrouvera le récit dans *Nos marins à la guerre*. (Librairie Payot.)

IV

LE BLOCUS DU CANAL D'OTRANTE

Il s'ensuivit que notre armée navale dut rester en croisière à l'entrée de l'Adriatique, sans autres bases que Malte à 900, Bizerte à 1 250 et Toulon à 1 800 kilomètres, redescendant vers le Sud et au fur et à mesure que s'enhardissaient les Autrichiens. C'était le commencement d'une morne et pénible faction qui devait durer dix mois ! Pendant que les grands navires s'usaient, coques, machines et équipages, à tenir la mer par tous les temps, torpilleurs et sous-marins se ramassaient derrière les anfractuosités des îles Paxo et Antipaxo sous Corfou. Ils appelaient les cuirassés ravitailleurs quand besoin était, ou se mettaient laborieusement à leur recherche s'ils n'avaient pas la T. S. F. Tout le monde charbonnait au large, en profitant des embellies, et une fois par mois chacun allait à Malte pour procéder aux réparations les plus urgentes et accorder quelques jours de « rafraîchissement » au personnel harassé. Au prix des plus durs sacrifices, on parvint de la sorte à arrêter les communications de l'ennemi avec la Méditerranée, et à empêcher sa flotte d'aller rejoindre le *Gœben* à Constantinople pour attaquer nos alliés russes dans la mer Noire.

Entre temps, chaque fois qu'un affrété apportait des vivres ou du matériel à destination du Monténégro, l'armée navale tout entière lui formait escorte, torpilleurs en tête, puis les divisions légères, enfin le gros. Arrivé à bonne hauteur, il s'en détachait de quoi protéger le débarquement à Antivari, tandis que le reste de l'escadre allait défiler devant Cattaro, avec l'espérance, toujours caressée mais constamment déçue, de finir par entraîner les Autrichiens à accepter une rencontre. Bien décidés à ne pas en courir les chances, et pour cause, ceux-ci se contentaient d'envoyer des avions bombarder les petits bâtiments occupés devant la côte, et leurs submersibles attaquer les vaisseaux de ligne. Après quoi les nôtres rebroussaient chemin jusqu'à l'ouvert de l'Adriatique, ayant couru des dangers hors de toute proportion avec les effets obtenus. C'est ainsi que furent successivement mis à terre les appareils de T. S. F. du poste de Podgoritza et les canons destinés à garnir le mont Lovcen, sans oublier les munitions et les chargements de blé souvent laissés à pourrir sur la plage, plus encore, peut-être, par suite de l'incurie propre aux indigènes que des difficultés de transport.

Officiers et matelots rongeaient leur frein. « Ce que nous faisons ? m'écrivait un des meilleurs parmi les premiers. Nous « bouffons » de la mer à en crever, mais sans jamais voir l'ennemi. De la misère tant et plus, et pas d'autre perspective de combat que celle de servir de cible aux sous-marins boches contre lesquels nous n'avons aucune espèce de protection, pas même un mouillage où nous garder. Quel calvaire pour des gens de cœur ! »

Et il n'en fut pas autrement pendant tout l'hiver, sauf que, vers la fin, la neutralité de la Grèce étant devenue beaucoup plus bienveillante à notre égard (sous le ministère Venizelos), nos bateaux trouvèrent un abri momentané sur les rades désertes des îles Ioniennes et de la côte voisine. Par exemple à Navarin :

« C'est maintenant le lieu de repos des gros bateaux, le seul où ils puissent jeter un pied d'ancre et dormir comme le héron sur une patte, tandis que deux ou trois torpilleurs tournent constamment en rond devant la passe.

» Navarin : une petite ville dont les maisons basses, aux toits plats, sont encadrées de cyprès noirs qui profilent leur maigre silhouette sur le ciel bleu pâle caractéristique de la Grèce. La rade est grande, mal abritée, et le vent y souffle parfois très dur. Qu'importe ! C'est le mouillage où l'on peut se relâcher un peu de la veille constante qui est notre lot à nous.

» Le 20 février (1915) arrive un sans fil nous avertissant qu'une escadre autrichienne est sortie de Cattaro et bombarde Budua, petit port monténégrin du Nord. Notre armée navale appareille aussitôt (elle ne trouvera d'ailleurs plus personne). Les torpilleurs restent au mouillage, ne devant quitter Navarin que la nuit suivante. Le *Casque* et le *Janissaire* ont mission d'aller mouiller des mines devant Cattaro. Nous avons été souvent à la peine, serons-nous enfin à l'honneur? Et le *Janissaire* se prépare fiévreusement, vérifiant torpilles et dispositifs de mouillage des mines. On va nous donner une mitrailleuse contre les aéroplanes dont il faut nous attendre à recevoir la visite.

» Quitté Navarin le 22 au matin, *Janissaire*, *Casque*, et la deuxième escadrille, dont la *Dague* et la *Faulx*. Nous faisons route sur l'île de Céphalonie, où nous allons chercher les mines. Il vente une brise folle qui tombe des sommets voisins et soulève derrière elle des nuages d'écume, comme font les autos sur une grand'route, l'été. A Alilas, port de Céphalonie, pris livraison de nos mines. Non sans peine, car un sérieux clapotis règne dans cette rade ouverte. Appareillé pour Samos d'Ithaque. C'est une ravissante traversée, parmi les mille couloirs des îles Ioniennes. Là, j'ai compris vraiment la qualité de la terre de Grèce, qui est d'être une chose quasi vivante. Sous les verts tendres d'une végétation clairsemée, elle se révèle palpitante et rose comme de la chair nue. Nature véritablement divine ! Samos est une toute petite bourgade, au bord de la mer, avec des coteaux hérissés de cyprès qui semblent des fléchettes piquées sur une cible — fléchettes lancées par Éros, peut-être? Nous y attendons le *Whitehead* que nous devons escorter jusqu'au Monténégro où il va porter des vivres.

» Ving-quatre heures plus tard, en route. Temps épouvantable, roulis très violents. Nous avons quatre tonnes de mines, amarrées tant bien que mal sur notre arrière, qui fatigue beaucoup. Cela tiendra-t-il? Au soir, la mer a encore grossi. C'est un panorama à la Hokusai (peintre japonais) : des lames nerveuses qui semblent raidies, avec mille pinceaux d'écume à leur crête, comme des orchidées de neige. Ciel déchiqueté, avec des nuages que les rafales chassent en tous sens.

» Vers Antivari, le temps s'arrange. Nous avons pris nos dispositions de combat. Pièces armées, prêtes à faire feu, tubes pointés et disposés à lancer. Chacun a revêtu sa ceinture de sauvetage. Or, vers 10 heures du soir (24 février), arrive un sans fil chiffré que je traduis rapidement : « *Dague* coule. *Faulx* appareille. » La *Dague* et la *Faulx*, venues avec nous, avaient été désignées pour draguer un chenal permettant au *Whitehead* d'entrer à Antivari, et avaient mouillé sur cette dernière rade après leur opération terminée. Et je ne puis m'empêcher de penser, tout en haussant les épaules, que nous étions treize en partant. Alors ce sont des échanges sans fin de télégrammes. Chacun cause et veut savoir des nouvelles. La T. S. F., c'est un peu comme la loge de la concierge.

» Quant à notre expédition de mouillage de mines, elle est dans l'eau, si j'ose dire. Toute la nuit, nous avons fait des ronds sur la mer, devant Antivari, attendant la sortie après déchargement du *Whitehead.* Et nous refilons sur Navarin avec la bora qui s'est levée. Un froid noir. Dans le canal de Corfou, stoppé pour répartir sur les divers torpilleurs les quarante-trois survivants de la *Dague*, le premier d'entre nous qui ait disparu. Nos passagers sont arrivés en loques, les yeux encore tout hagards. Ils racontent qu'ils étaient mouillés depuis une demi-heure quand deux explosions se sont produites, coup sur coup (des mines). Alors la *Dague* s'est soulevée d'une seule pièce. En retombant, le pont s'est brisé en deux, et l'avant a disparu. L'arrière s'est piqué droit dans la vase, les hélices en l'air. Les survivants se sont retrouvés accrochés ils ne savent à quoi, et commençaient à boire une eau mélangée de mazout, quelque chose d'ignoble, quand les Monténégrins sont venus les repêcher avec des barques. Le lendemain, au jour, rentrés à Navarin où nous retrouvons à peu près toute l'escadre. Repris l'exercice de grand'garde. » (Enseigne de vaisseau Pierre de Loÿs, dont il m'est agréable de révéler ici le joli talent d'écrivain.)

V

PETITS ENGAGEMENTS

La généreuse intervention de l'Italie, à la date du 23 mai 1915, nous permit de retirer la majeure partie de nos forces navales de l'Adriatique, et de leur donner un peu de répit. Car il faut être du métier pour concevoir l'usure produite par un service ininterrompu durant des mois dans les organes si délicats des navires modernes, ainsi que du surmenage auquel aboutissent, chez les hommes, des veilles et des alertes perpétuelles, quand il suffit d'une seconde d'inattention pour amener une catastrophe comme celle du *Léon Gambetta*.

Les petites unités, torpilleurs et sous-marins, — les chalutiers ne viendront que plus tard — demeurèrent seules au delà du canal d'Otrante, chargées qu'elles étaient de concourir avec nos alliés à surveiller les mouvements de l'ennemi et à lui appuyer la chasse dès qu'il se montrait. Mais les engagements étaient rares, et, ne trouvant même pas de bâtiments de commerce à capturer, nos marins ne pouvaient pas grand'chose contre un adversaire qui se dérobait toujours.

Le 11 juillet 1915, le contre-torpilleur *Bisson*, commandé par le lieutenant de vaisseau Le Sort, était envoyé à Lagosta pour détruire le fil télégraphique sous-marin. Il avait la chance, non seulement de « crocher » dans le câble, mais surtout de découvrir et de détruire une station complète de ravitaillement pour submersibles et aéroplanes. Pendant que le *Bisson* opérait sur la côte nord de l'île, *Commandant Rivière*, *Commandant Bory*, *Bouclier* et *Protet* exploraient la rive sud, en même temps que le *Magon* faisait le guet à 4 milles au large. Tout cela sous le feu de la garnison autrichienne qui avait ouvert une fusillade des plus nourries tant sur les marins débarqués à terre que sur le *Bisson*, dont le pont fut criblé de balles. Il eut pourtant la chance de ne perdre qu'un seul homme, Yves Le Moan, « un bon et brave petit Breton, intelligent, dévoué, charmant et d'une conduite exemplaire, que tout le monde à bord avait pris en affection ».

C'est le même *Bisson* qui, un mois plus tard (13 août), coulait à coups de canon le sous-marin autrichien *U-3*, succès à la suite de quoi les Italiens le reçurent en triomphe quand il rallia Brindisi avec l'équipage ennemi prisonnier. Le vice-amiral Presbitero, qui commandait l'escadre mouillée sur la rade extérieure, lui signala de passer entre les deux lignes de cuirassés, où tout le monde était à la bande, officiers et amiraux rangés sur les plages arrière, chaque bâtiment saluant du sifflet et du clairon, car l'*U-3* était un des premiers pirates auquel on fût parvenu à régler son compte.

Nos sous-marins, qui se fussent lancés joyeusement contre n'importe quel gros bateau, n'en voyaient jamais que de tout petits, torpilleurs ou submersibles, aussi difficiles à joindre qu'à éviter, et c'était sans la moindre gloire qu'ils passaient jour après jour en plongée devant les côtes autrichiennes et jusque dans les champs de mines protégeant celles-ci, chaque fois avec les plus grandes chances d'y rester. A l'imitation des Allemands, eux et les torpilleurs auraient évidemment pu se livrer à un facile jeu de massacre sur les villes ouvertes du littoral dalmate. Mais, avec notre idéalisme impénitent, même après les abominations commises par les Boches, — que notre absence de représailles ne fait qu'encourager d'ailleurs — nous nous sommes abstenus d'un genre d'opérations qui répugne autant à nos instincts qu'il est naturel à nos ignobles ennemis.

Ce fut le *Papin* qui réussit le premier à mettre à mal un de nos insaisissables adversaires. Commandé par le lieutenant de vaisseau Cochin, il se trouvait sous l'île de Zuri (au large de Sebenico) le 9 septembre 1915, quand, vers trois heures après midi, il découvrit une division de torpilleurs autrichiens (une quinzaine environ) s'avançant en triangle, ceux de 250 tonnes sur les flancs, les destroyers de 800 tonnes au centre. Il manœuvra aussitôt pour attaquer le second destroyer de la ligne (le *Llka*), mais, apercevant un torpilleur qui passait devant celui-ci, il crut pouvoir faire coup double en lançant ses quatre torpilles d'axe (dont trois seulement partirent). D'après les dires des prisonniers faits ultérieurement sur le *Llka* (coulé le 30 décembre devant Durazzo, comme nous le verrons plus loin), l'un des engins toucha le torpilleur *51*, à hauteur du poste de l'équipage, tuant ou blessant tous les hommes qui s'y trouvaient. Les deux autres faillirent atteindre le *Llka*, qui réussit à les éviter. Après quoi il ne restait plus à notre vaillant petit sous-marin qu'à disparaître, pour échapper au feu des quinze bâtiments qui l'entouraient. Car, pour être plus sûr de son coup, il n'avait pas hésité à donner dans le tas, se plaçant à moins de 100 mètres de l'ennemi. Le *Papin* fut poursuivi jusqu'à 7 heures du soir, mais sans pouvoir attaquer de nouveau, faute d'électricité en quantité suffisante. « Je croyais avoir tout manqué, dit modestement le commandant Cochin, pensant que mes torpilles avaient passé sous le but. L'explosion n'avait occasionné qu'un bruit modéré, que j'attribuais à un obus éclaté au-dessus de moi. Ce n'est qu'en retrouvant sur le pont du *Papin* trois morceaux de torpille que j'ai repris espoir. Ils prouvaient en effet qu'une de mes torpilles avait porté, et, pour que des éclats fussent retombés sur nous, il fallait que j'eusse lancé à moins de 100 mètres, avec toutes chances par conséquent pour que l'ennemi n'ait pas eu le temps d'atténuer le coup en manœuvrant. »

Pendant ce temps-là, la Serbie et le Monténégro avaient joui d'un calme relatif. Honteusement battues par les indomptables troupes du roi Pierre, les armées du vieux bandit couronné qui portait le nom de François-Joseph II, d'exécrable mémoire, attendaient l'issue de la formidable bataille alors engagée sur le front russe pour revenir à la charge, cette fois avec le concours de leurs maîtres dans l'art d'écraser les faibles, les Hindenburg, Mackensen et autres enfonceurs de portes ouvertes. Car où est-il celui des maréchaux boches qui prendra Verdun, contre quoi leur futur empereur s'est brisé les dents?

VI

LA PASSION SERBE

Elle commença vers fin septembre 1915. C'était quand s'éteignait notre double offensive d'Artois et de Champagne, et que l'ennemi envahissait la Pologne, la Volhynie, la Lithuanie, la Courlande, délivrant la Galicie autrichienne que les Russes avaient conquise l'année précédente. Pour tendre la main aux Turcs, à travers la Bulgarie secrètement complice, et régler l'éternelle question d'Orient, à la façon du juge dans la fable de *l'Huître et les Plaideurs*, autrement dit à leur profit, il ne restait plus aux Allemands qu'à supprimer la Serbie. Pauvre petit pays !

Dans le drame effroyable que le sinistre impresario de Berlin a déchaîné sur le monde, pas de rôle plus tragique que le sien. Mais, pour chanter les malheurs de cette héroïque nation, il ne faudrait rien moins qu'un nouvel Eschyle, retrouvant les accents avec lesquels sont décrites les calamités dues à la guerre des Sept Chefs :

« Eh quoi ! cette ville antique (Thèbes) devenue la proie de l'épée et consumée par les flammes, elle disparaîtrait de la terre? Les dieux l'abandonneraient sans honneur aux ravages de ses ennemis? Les mères, ô ciel ! et ces vierges, cheveux et voiles arrachés, seraient traînées en esclavage comme de vils troupeaux, et dans ces murs retentiraient les cris des captives désolées?... Hélas ! Plus rien que des gémissements ! Les rets de la mort ont tout enveloppé ! L'homme est égorgé par l'homme, l'enfant pousse des cris inarticulés sur la mamelle ensanglantée qui l'allaitait ! La rapine partout complice du carnage, les soldats se montrant le butin, appelant des camarades, s'animant mutuellement au pillage sans vouloir ni partager ni céder ! Comment peindre un semblable tableau (1)? »

Car les Allemands ont réalisé le tour de force invraisemblable de faire rétrograder la civilisation d'une trentaine de siècles, en nous ramenant aux horreurs de la barbarie primitive. Avec la différence, toutefois, que les hommes de cette époque lointaine étaient encore des sauvages, dont les besoins parlaient plus haut que la pitié, tandis que c'est sans aucune espèce d'excuse que leurs plagiaires à lunettes d'or commettent les pires atrocités, mésusant d'une science qui ne devrait servir qu'à rendre l'existence plus facile, partant plus douce, pour lui emprunter des procédés de destruction et des raffinements de cruauté devant

(1) ESCHYLE, *Les Sept contre Thèbes*, acte II, scène II.

lesquels eussent reculé nos ancêtres les plus rapprochés de la brute originelle.

A leur inverse, nous verrons tout à l'heure les marins français, de concert avec nos alliés anglais et italiens, accomplir une tâche immense avec de faibles moyens, se couvrir d'une gloire aussi pure que discrète, et donner le plus magnifique exemple de fidélité dans l'infortune en sauvant les débris de l'armée serbe. Admirables troupes dont il était peut-être plus dangereux de secourir la détresse que d'affronter le désespoir, à raison des maladies mortellement contagieuses, typhus et choléra, que trop de misères avaient fait éclater dans leurs rangs !

En attendant, que faisaient les puissances défenderesses de la Justice et du Droit pour conjurer l'effroyable menace que représentait la marche des Austro-Boches vers Constantinople? Rien. Elles ne voulaient même pas y croire. Pas plus que, dernièrement encore, à la félonie du roi Constantin. Sous prétexte que le Bulgare devait trop à la Russie pour jamais la trahir, nos hommes d'État les plus réputés se laissaient jouer sous jambe par un fourbe dont la duplicité allait jusqu'à tromper ses propres agents sur les vilenies qu'il machinait. Car c'était, paraît-il, en toute bonne foi que ces derniers continuaient à nous marchander le prix d'une coopération prétendue imminente, quand tout était déjà vendu à Guillaume, le digne Bertrand de cet autre

Robert Macaire qui s'appelle Ferdinand de Cobourg.

Seuls, les Serbes avaient vu clair dans le jeu de voisins qu'ils connaissaient trop bien pour leur accorder la moindre confiance. Leurs avertissements répétés ne parvinrent malheureusement pas à nous convaincre, et lorsqu'ils demandèrent à se précipiter sur la Bulgarie avant qu'elle ait mobilisé, nous ne sûmes que les retenir. Oh ! les fautes commises par nous et nos alliés depuis le commencement de la guerre ! Le même tragique grec que nous citions plus haut n'eût pas manqué d'y reconnaître la main du Destin, voulant nous châtier de notre aveuglement à ne pas nous prémunir contre une agression si ouvertement préméditée. Et tout cela parce que, satisfaits de notre sort, nous nous imaginions avoir aboli l'inexorable loi de la nature, en vertu de quoi le plus fort ne prospère qu'aux dépens du plus faible, pour la remplacer par je ne sais quel impossible rêve de paix et fraternité universelle. Car, ainsi que l'a dit Pascal, à force de vouloir faire l'ange, l'homme finit le plus souvent par faire la bête...

Envahie ce coup-ci par trois groupes d'armées, allemandes, autrichiennes et bulgares, toutes largement pourvues d'artillerie lourde et de ces abominables gaz asphyxiants qui sont le dernier mot de la culture boche, la pauvre petite Serbie était condamnée d'avance. Mais, tenaces jusqu'au bout, ses héroïques défenseurs préférèrent s'expatrier plutôt que de subir un joug aussi cruel que détesté. S'inspirant des grands exemples de l'antiquité,

Et nos patriæ linquimus arva,

ils reculèrent jusqu'à la mer, toujours face à l'ennemi, en nous appelant désespérément au secours. Retraite qui restera aussi légendaire que celle des Dix-Mille, et dans laquelle une belle page revient à la mission commandée par le lieutenant de vaisseau Picot. Dès novembre 1914, avec une centaine de marins et trois pièces de 143 empruntées au *Henri IV*, elle avait très utilement contribué à la défense de Belgrade, notamment en coulant trois monitors autrichiens sur le Danube et en réduisant les batteries de Semlin au silence. Lorsqu'il fallut évacuer la Serbie, notre vaillant petit détachement fit sauter ses pièces et regagna Monastir, après une marche à travers les montagnes dont les derniers 70 kilomètres furent couverts en trente heures. Épisode tout à l'honneur de la marine française, que je suis heureux de rappeler en passant.

Mais qui va secourir les Serbes? De la Russie, on n'entendra plus parler qu'au printemps prochain, quand elle sera parvenue à reconstituer ses armées momentanément épuisées. Mal engagée aux Dardanelles où nous l'avons suivie, et dont elle n'attend que l'occasion de se retirer, l'Angleterre redoute une attaque sur l'Égypte et réserve toutes ses ressources en vue d'y parer. Jalouse d'empêcher la jonction de l'Autriche avec la Grèce, l'Italie voudrait s'établir à Valona, pour faire coin entre ses deux rivales dans l'Adriatique. Magnanime et désintéressée comme toujours, mais malheureusement égarée par son déplorable aveuglement en faveur de la Grèce, ou tout au moins de son gouvernement, c'est la France qui fera l'impossible afin de sauver la Serbie.

VII

NOTRE INTERVENTION EN ORIENT

Même après la faute impardonnable d'avoir laissé passer le *Gœben* et le *Breslau* quand ils allaient forcer la main aux Turcs, la situation dans les Balkans pouvait encore se rétablir en notre faveur. Pour cela, il aurait fallu profiter des premières victoires serbes et débarquer tout de suite à Salonique. Non seulement nous nous mettions ainsi en mesure d'achever la défaite des Autrichiens, mais, du même coup, la Roumanie se trouvait entraînée à marcher avec nous, la Bulgarie réduite à l'impuissance, et la Grèce contrainte de tenir ses engagements. Ce qui eût changé bien des choses et, dans tous les cas, pas plus mal réussi que l'aventure des Dardanelles.

Seul parmi ses collègues, ou à peu près, un de nos ministres d'alors avait compris l'intérêt capital qu'il y aurait à prendre une semblable initiative. C'était M. Briand, un de nos rares hommes politiques ayant montré de la clairvoyance dans la conduite d'une guerre où la France devra uniquement son salut à l'héroïsme et à l'abnégation de ses admirables soldats. Notre race est, en effet, capable de n'importe quel généreux effort, sauf de se gouverner elle-même, comme le démontre le fait que, depuis Henri IV, le plus beau pays du monde en a presque toujours été le plus mal dirigé.

Cette idée d'intervenir militairement en Orient, son promoteur mit à la faire prévaloir tout ce qu'il possédait de talents — merveilleuse facilité d'assimilation, don de parole servi par un organe irrésistible, adresse et puissance de persuasion sans égales. Parfaitement renseigné sur ce qui se tramait en Grèce, il était en outre mû par la sorte d'instinct supérieur que Thucydide reconnaissait chez Thémistocle : « Une pénétration innée, que l'étude n'avait pas eu besoin de former, à laquelle l'étude n'avait rien ajouté, lui permettant de juger sainement, presque sans réflexion, les faits les plus imprévus à l'instant même où ils se présentaient. Il témoignait d'une égale sûreté de coup d'œil, et pour traiter les sujets dont il avait l'habitude, et pour saisir ceux dont l'expérience lui manquait. Par-dessus tout, il savait démêler à l'avance, au milieu des événements, ce qui était avantageux ou nuisible. En un mot, il excellait, grâce à la vigueur de son intelligence, à improviser presque sans travail tout ce qu'exigeaient les besoins du moment (1). » Car il n'est que juste de rendre à chacun

(1) Thucydide, *De la guerre du Péloponèse*, livre Ier, § cxxxviii.

ce qui lui revient, et je le fais d'autant plus volontiers que les occasions ne se présentent malheureusement pas souvent où l'on puisse féliciter nos hommes d'État d'avoir su prévoir quelque chose. Grâce à quoi M. Briand amena le Cabinet dont il n'était encore que simple membre — cela se passait en décembre 1914 — à envisager l'envoi d'une armée à Salonique, sous la réserve que le haut commandement y souscrirait. Mais, pour des raisons que nous n'avons pas à discuter ici, ce dernier se déclara absolument hostile au projet, de sorte qu'il n'en fut plus question jusqu'à nouvel ordre.

On dut cependant y revenir l'année suivante, non plus avec l'avantage moral que comporte l'offensive, mais sous la pression des circonstances les plus désastreuses. Il était d'abord et avant tout impossible de ne rien tenter pour soustraire les pauvres Serbes aux conséquences que leur valait notre refus de les autoriser à prévenir la trahison bulgare. Ensuite, nous avions intérêt majeur à empêcher la descente des forces ennemies vers la mer Égée, où les Allemands n'auraient pas manqué d'installer un nouveau Zeebrugge, avec relais de T. S. F., postes de sous-marins et d'avions, tout cela complété par un centre de ravitaillement ainsi que d'intrigues en Méditerranée.

Tels furent les motifs qui déterminèrent l'apparition à Salonique d'un premier contingent français. Retiré des Dardanelles qu'on se décidait à évacuer, il y arrivait le 5 octobre 1915, bientôt suivi par une division anglaise. Et c'est encore à M. Briand que nous devons d'avoir convaincu nos alliés, et en particulier lord Kitchener, de nous rejoindre en Macédoine. Mais nous laisserons à d'autres le soin de raconter l'histoire de l'expédition envoyée malheureusement trop tard au secours de la Serbie, pour nous borner au sauvetage *in extremis* que son insuccès allait imposer aux marines de la Quadruplice.

VIII

ENTRE ALLIÉS

C'est vers la mi-octobre que, dans la crainte de voir le chemin de fer de Salonique à Nisch prochainement coupé, on commence à se préoccuper de ravitailler les Serbes par une autre voie. Comme on caressait toujours l'espoir qu'ils se replieraient sur la Macédoine, où nous nous efforcerions de les joindre, il s'agissait de tout acheminer vers Monastir.

Trois routes permettent d'y accéder, partant de points situés sur les côtes d'Albanie ou d'Épire, et dont chacune présente ses avantages et inconvénients. Celle par Durazzo est évidemment la plus courte, mais avec un très mauvais secteur jusqu'à El Bassan. De plus, Durazzo n'offre qu'une méchante rade foraine, ouverte à tous les vents, et beaucoup trop voisine de Cattaro pour qu'on y soit jamais en sécurité. A 50 milles dans le sud, Valona présente un excellent mouillage, assez vaste pour abriter une flotte entière, considération qui aurait rallié tous les suffrages s'il n'y avait eu à refaire entièrement la chaussée de Bérat. Enfin, tout près de la frontière grecque, en pleine Épire, s'ouvre la baie de Santi Quaranta, capable d'abriter cinq ou six grands navires, et qu'un chemin parfaitement carrossable relie à Monastir en passant par Goritza. Quel que fût d'ailleurs l'endroit choisi pour débarquer, on devait y prévoir l'établissement d'une base, et assurer la protection des bâtiments transporteurs contre toutes surprises.

Anglais, Italiens et Français n'étaient pas encore parvenus à s'entendre sur le trajet qu'il convenait d'adopter, quand les Bulgares franchirent le Vardar, assez bas pour se glisser entre nous et les Serbes qui perdaient ainsi toute chance de gagner la Macédoine. Obligés de chercher passage à travers les gorges sauvages de la haute Albanie, ils adressèrent un dernier et pressant appel aux Alliés, afin qu'on assurât leur approvisionnement dans cette nouvelle direction. Renonçant aux combinaisons précédentes, c'était désormais par San Giovanni di Medua et Durazzo, à 60 et 80 milles de Cattaro, qu'il fallait, coûte que coûte, leur apporter les vivres et munitions dont le défaut les eût réduits à déposer les armes.

Or, depuis son adhésion à l'Entente, l'Italie avait assumé le commandement dans l'Adriatique, avec le concours de divisions prélevées sur les escadres française et anglaise. Celle-ci fournissait 4 cuirassés et autant de croiseurs légers. Nous, 12 contre-torpilleurs : *Bouclier*, *Commandant Rivière*, *Bisson*, *Magon*, *Commandant Bory*, *Protet*, *Carabinier*,

Spahi, *Aspirant Herber*, *Enseigne Henry*, *Lansquenet*, *Mameluck* — ayant le vieux cuirassé *Marceau* comme ravitailleur et le capitaine de vaisseau Lejay pour chef de division —, les torpilleurs de haute mer *Arverne*, *228*, *360*, *Borée*, *281* et *309*, avec les sous-marins *Ampère*, *Cugnot*, *Messidor*, *Monge*, *Fresnel* et *Papin*. Petites unités auxquelles venaient s'ajouter deux escadrilles de six aéroplanes envoyées à Venise (1) et à Brindisi, ainsi qu'un certain nombre de chalutiers et de *drifters*. En dehors de quoi il va sans dire que notre armée navale demeurait prête à intervenir en cas de besoin, appuyée par la flotte britannique de la Méditerranée.

Mais, pratiquement, l'Adriatique restera quasi-

(1) L'escadrille de Venise était commandée par le lieutenant de vaisseau Lucien Reynaud, qui mourut pour la France, le 31 octobre 1916, en même temps que l'enseigne de vaisseau de première classe Hariat et douze hommes, par suite de l'explosion d'une bombe. Parmi les pilotes se trouvait l'enseigne de première classe Jean Roulier, qui fut glorieusement tué le 15 août 1916, comme il venait de bombarder le littoral ennemi. Frappé à mort par une balle de mitrailleuse, il tomba dans la mer avec son appareil brisé et, quand on le repêcha, son jeune et charmant visage de héros était encore fleuri d'un sourire vainqueur. C'est lors de son enterrement dans le cimetière de Venise, où le conduisit une gondole sur laquelle ses camarades italiens jetaient des fleurs d'en haut, que d'Annunzio prononça le magnifique discours où il disait : « La mort fulgurante n'a pu éteindre son sourire. Le sourire de la vieille France, ce signe de l'excellence de la race... » Le corps de Costerousse, le matelot mécanicien de Roulier, ne fut pas retrouvé.

ment interdit à la navigation des deux partis, tant à cause des mines à la dérive un peu partout que des incursions auxquelles se livreront les escadrilles adverses, aériennes, sous-marines ou de surface.

IX

PREMIERS SECOURS

On aperçoit d'ores et déjà les difficultés matérielles d'une entreprise qui, débutant par un transport de vivres et de cartouches, allait bientôt prendre les proportions épiques que représente le sauvetage de tout un peuple chassé de ses foyers par l'invasion, désorganisé par la retraite, épuisé par les malheurs, la faim et les épidémies. Ces difficultés ne sont pourtant rien auprès de celles résultant du fait que l'opération sera effectuée par trois grandes nations dont les points de vue n'étaient pas les mêmes...

Pendant ce temps-là, les Serbes manquaient de tout en Albanie, où ils étaient reçus à coups de fusil au lieu de trouver les secours promis. Toujours la première à marcher quand il s'agit de faire acte de générosité, la France mit une fois de plus tout en branle pour qu'on leur apportât au moins de quoi ne pas mourir de faim. Le portefeuille de notre marine venait d'être confié à l'amiral Lacaze, dont il est juste d'associer le nom à celui de M. Briand pour tout ce qui concerne notre action en Orient. Car, si l'un a su décider les puissances de l'Entente à coopérer avec nous, c'est aux sages et précises directions de l'autre que revient le succès d'une suite d'opérations — transport du corps expéditionnaire de Salonique, ravitaillement des Serbes, occupation de Corfou, évacuation de l'armée serbe à Corfou puis à Salonique — dont l'heureuse réussite fait le plus grand honneur à nos officiers et équipages. A peine l'amiral était-il installé rue Royale que des solutions pratiques et immédiates intervenaient dans les différentes questions en suspens. Avec la netteté de décision que donne seule une parfaite maîtrise professionnelle jointe au sens des possibilités, il ordonna d'affréter immédiatement des navires de faible tonnage, lesquels iraient, escortés comme on pourrait, jeter à San Giovanni di Medua et à Antivari les denrées chargées dans le port de Brindisi. Expéditions n'allant pas sans les risques les plus graves, à cause du voisinage de Cattaro, mais qu'il fallait tenter à tout prix.

Ainsi, dans la nuit du 22 au 23 novembre 1915, un petit convoi était détruit en mer. A Medua, constamment bombardé par avions et par bateaux, le port était déjà jonché de tant d'épaves que les embarcations avaient la plus grande difficulté à circuler. On s'y trouvait d'ailleurs toujours sur le qui-vive, dans l'attente d'une attaque aérienne ou sous-marine, quand toutes deux ne se produisaient pas simultanément, comme il arriva le 26 novembre au cargo l'*Harmonie* (français). Quelques jours plus tard, le 4 décembre, une division composée d'un croiseur et de sept destroyers autrichiens y coulait trois vapeurs (français, italien et grec), et poussait jusque dans le golfe du Drin où elle surprenait notre sous-marin le *Fresnel*, échoué sur un banc. Presque en même temps le transport *Re Umberto* et le contre-torpilleur *Intrepido* (italiens tous deux) sautaient sur des mines, au large de Valona. Et des accidents semblables se reproduisaient journellement.

C'étaient les Italiens qui avaient la lourde responsabilité de protéger les transports, mais ils se plaignaient que nous leur eussions retiré les douze torpilleurs primitivement destinés à l'Adriatique, en ayant eu besoin pour surveiller nos envois de troupes à Salonique. Lorsqu'il fut possible de les leur rendre, les voyages à la côte albanaise reprirent avec une nouvelle ardeur. « Le ravitaillement de la Serbie se fait d'une façon continue, quoique extrêmement laborieuse, grâce à de petits cargos qu'on achemine sous forte escorte. Il est dirigé, en ce qui concerne les chargements, par le capitaine de frégate anglais Griffin Eady et par le chef d'escadrons français de Staël-Holstein. Les autorités italiennes n'interviennent que pour le départ et la défense en route » — écrivait l'enseigne de vaisseau Rollin, du *Marceau*.

Nous empruntons au même correspondant un aperçu de ces petites expéditions internationales, auxquelles nos marins prenaient une part des plus brillantes : « Le 11 décembre, un premier convoi formé du *Dartmouth* (éclaireur anglais) et du *Quarto* (éclaireur italien), d'une escadrille (franco-italienne) de destroyers et du *Bouclier*, contre-torpilleur français chargé du dragage des mines, a été dirigé sur Durazzo, où l'on a débarqué 700 tonnes de vivres et le matériel que le chalutier *Bisson II* (français) nous avait apporté de Malte. Le commandant Lejay avait également fait acheter et embarquer 2 000 kilogrammes de pommes de terre et autant d'avoine que le colonel Fournier (commandant du détachement français à Scutari d'Albanie) avait demandés par télégraphe. » Ici un entr'acte dû à un coup de vent de bora. « Le 16 au soir, dès que le mauvais temps a cessé, *Weymouth* (éclaireur anglais), *Nino Bixio* (éclaireur italien), douze contre-torpilleurs (franco-italiens) et *Bouclier* (destroyer français) sont partis avec le cargo *Brindisi* (italien) (1), portant à Medua un million destiné au gouvernement serbe (alors installé à Scutari) ainsi que 343 tonnes de vivres. Pendant le déchargement, le groupe en surveillance est attaqué par un submersible qui disparaît après canonnade. Depuis le 17 décembre, dans le but de garantir le plus possible les transports entre Italie et Albanie, une croisière permanente de sous-marins a été établie devant le lit-

(1) Qui sauta sur une mine, le 6 janvier, à l'entrée de San Giovanni di Medua, avec vingt mitrailleuses et 200 000 cartouches françaises.

toral ennemi. *E-21* (anglais), *Archimède* (français), *Papin* (français) et *Nautilos* (italien) ont pris la première garde. »

Le 29 décembre, on apprenait à Brindisi que le croiseur autrichien *Helgoland* (3 340 tonneaux, 27 nœuds, sept canons de 100) et les cinq destroyers *Llka*, *Triglav*, *Czepel*, *Tatra*, *Balaton* (800 tonnes, 33 nœuds, six pièces de 70), venaient de bombarder Durazzo, mettant à dommage le *Michael*, ravitailleur grec, mais qu'en se retirant le *Llka* avait sauté sur une mine, tandis que le *Helgoland* était obligé de donner la remorque au *Triglav* fortement avarié. Le *Dartmouth* (éclaireur anglais : 5 250 tonneaux, 26 nœuds, huit canons de 152), le *Quarto* (éclaireur italien : 3 430 tonnes, 28 nœuds, six pièces de 120 et six de 76) et la première division de contre-torpilleurs français (le *Casque* en tête) se lançaient immédiatement à la poursuite de l'ennemi, en même temps que le *Bixio* (italien : comme le *Quarto*), le *Weymouth* (anglais : mêmes caractéristiques que le *Dartmouth*) et une escadrille italienne poussaient les feux pour appareiller deux heures plus tard. Les premiers rencontraient et coulaient le *Triglav* abandonné par son remorqueur et évacué. Sous la direction du *Dartmouth*, ils manœuvraient ensuite de façon à rejeter les Autrichiens sur la côte italienne, avec l'espoir, malheureusement déçu, qu'ils y seraient cueillis par le détachement ayant le *Bixio* comme chef de file.

X

LE « MONGE » ÉTAIT LA

Lorsque les canonniers de nos torpilleurs tiraient sur l'ennemi en fuite, ils étaient loin de se douter qu'ils risquaient d'atteindre des camarades à eux. Les Autrichiens venaient, en effet, de recueillir l'équipage — moins le commandant et deux hommes — d'un sous-marin français qui avait sombré en les attaquant, à leur sortie du port. Fait que, jusqu'à ces derniers jours, nous ne connaissions guère que par les rapports des prisonniers provenant du *Llka*, coulé le lendemain sur une mine. Depuis, le premier maître Jaffry et le quartier-maître Mahé sont rentrés de captivité comme grands blessés, et c'est d'après leurs témoignages que je vais pouvoir reconstituer un des plus glorieux épisodes dont notre marine ait le droit de s'enorgueillir.

La nuit où la flottille dont il a été question précédemment débouchait de Cattaro, le *Monge* était de faction devant les Bouches. Commandé par le lieutenant de vaisseau Roland Morillot, il appartenait à cette classe de submersibles qui doivent employer une machine à vapeur afin de recharger leurs accumulateurs de plongée. Ah ! si nos sous-marins eussent été aussi bien outillés que ceux des Allemands, tous munis de moteurs à combustion interne (système Diesel), et si on les avait utilisés dès le début, qui sait les services qu'ils n'auraient pas rendus? De toutes façons, nous n'en serions pas à déplorer la perte inutile de tant de braves qui se firent prendre, ou tuer — et de quelle mort ! — en réalisant des coups d'audace dont pas un de leurs adversaires ne s'est montré capable. Car on n'a encore vu que les nôtres à nous, pour tenter et réussir l'incroyable tour de force de pénétrer dans un port de guerre ennemi, comme le *Cugnot* à Cattaro (à deux reprises, les 26 et 29 novembre 1914) ou le *Curie* à Pola (25 décembre de la même année), exploits que je compte relater prochainement, grâce à des documents attendus.

Rejetant le manteau de plomb qui l'étouffait depuis treize heures qu'il croisait sous l'eau, le *Monge* était remonté en surface le 28 au soir. Instant après lequel chacun soupirait, et nul avec autant d'impatience que Tango, la mascotte du bateau. C'était un petit chien de race plus ou moins arabe qui, un jour, à Bizerte, avait suivi un second maître rentrant à bord. Tout de suite adapté à sa nouvelle existence, il se montra excellent marin, et de bonne garde au mouillage. Quand on naviguait à découvert, il se portait le plus de l'avant possible, aboyait aux lames et flairait la terre à travers les embruns. Mais il supportait mal les longues plongées, tombant presque inanimé sur le parquet si on n'avait pas soin de le hisser dans le casque, où l'air respirable refluait d'en bas. Une fois, au golfe Juan, il avait tiré une bordée de dix jours, à la suite de quoi il était reparu avec la queue coupée, probablement par les gamins du pays. Dame, tout n'est pas rose, dans le métier de coureur d'aventures ! Choyé par l'équipage entier, Tango avait plus spécialement adopté le commandant, qu'il suivait toujours. Et c'est parce qu'il disparut avec lui qu'il m'a semblé permis d'associer le souvenir du pauvre animal à celui d'un héros. Semblablement, aux pieds du preux dont ils élevaient le mausolée, les imagiers d'autrefois plaçaient son plus fidèle compagnon...

XI

ATTAQUE DE NUIT

Aussitôt les panneaux ouverts, la double machine à vapeur avait été mise en marche, celle de tribord actionnant les dynamos, l'autre les hélices. Le *Monge* restait à une quinzaine de milles dans le sud de la pointe d'Ostro, bec du goulet de Cattaro. Mer belle, légère brise de Nord, quelques nuages derrière lesquels un morceau de lune allait s'effaçant. A minuit, un feu brille et s'éteint sur Ostro. Signal de quoi? Le commandant Morillot redouble de surveillance, les yeux braqués dans la direction du chenal par où l'ennemi peut survenir à tout moment.

Vers 2 h. 15, aperçu deux fumées dont le gisement ne laissait aucune incertitude sur leur provenance : c'étaient évidemment des Autrichiens. Grande joie à bord du *Monge*, où il y avait si longtemps qu'on attendait ce moment-là ! Seulement, la nuit, rien de plus difficile que de reconnaître qui vous arrive dessus. On ne sait jamais s'il s'agit d'un dreadnought à l'horizon ou d'un petit bateau tout près. C'est comme cela que, dans les mêmes parages, un de nos torpilleurs prenait, de très loin, un cuirassé de son escadre pour un submersible ennemi émergeant à courte portée, et le canardait furieusement — sans le moindre succès d'ailleurs, les hausses étant réglées à quelques centaines de mètres, au lieu des milliers qu'il aurait fallu.

Morillot ne se doute donc ni du nombre ni de l'espèce des adversaires que la fortune lui amène à combattre. Mais, sans perdre un instant, il a rappelé aux postes de plongée et s'est enfoncé à 7 mètres de profondeur, de manière à conserver la vue au périscope de nuit, plus clair que celui de jour. Bientôt après, en plus de deux fumées déjà signalées, lui apparaît une masse noire, brusquement surgie de l'ombre et qui grandit très vite. Les mesures sont immédiatement prises pour attaquer : « Disposez la carcasse (appareil de lancement latéral) bâbord ! Desserrez les freins ! Paré à lancer ! » Le but n'est plus qu'à quelques degrés de l'angle favorable à l'envoi de la torpille, et celle-ci va partir...

A cette minute précise, de toute la vitesse de ses 30 nœuds, fonce un quatrième ennemi, que personne n'a vu venir. Il passe en trombe au-dessus du sous-marin dont il ne soupçonne pas davantage la présence, mais que sa quille heurte assez violemment pour l'envoyer presque par le fond. Le kiosque est défoncé, la mer s'engouffre par le panneau de sécurité encore ouvert. Accident plus grave : le panneau d'embarquement des accumulateurs a reçu un tel renfoncement qu'il fuit comme un panier, laissant tomber de l'eau de mer sur les bacs à acide sulfurique, d'où se dégagent d'abominables vapeurs. Le bateau a pris une pointe dangereuse, l'arrière en bas, jetant tout le monde contre les cloisons des divers compartiments et, dans l'obscurité que produit un court-circuit général, ceux du *Monge* se sentent descendre avec une rapidité vertigineuse...

XII

UN CHANT SOUS LA MER...

C'est dans de pareilles circonstances que chef et équipage donnent leur vraie mesure, et ici tous deux vont se montrer dignes l'un de l'autre. Précipités par la cascade qui vient d'envahir le kiosque où ils se tenaient, Morillot et l'homme de barre ont dégringolé dans le poste central, en fermant le panneau de sécurité derrière eux. « Cramponné à la table du périscope, le commandant fait tête à ce coup du destin. C'est l'homme de l'heure, que rien ne démonte. Il ordonne de chasser partout (l'eau des ballasts qui ont été remplis pour plonger), et répète plusieurs fois : Chassez ! chassez ! Mais l'air comprimé ne parvient pas à expulser l'eau, et nous continuons à descendre. La coque grince de toutes parts, surtout à l'arrière (qui, par suite de l'apiquage du bateau, se trouve à une vingtaine de mètres plus bas et sous deux atmosphères de pression de plus que l'avant). C'est le cœur d'acier du *Monge* qui résonne. Nous devons avoir 60 à 70 mètres d'eau sur la tête, sinon davantage. Croyant que c'est la fin, nous chantons la

Marseillaise » — relate Jaffry, l'irréprochable patron du navire, autrement dit le premier maître (adjudant) qui en a charge après le commandant et l'officier en second. Un solide Breton d'Audierne, enfant de la mer, et de la plus mauvaise, avec une tête énergique éclairée par des yeux pleins de rêve, tout à fait le personnage que laisse deviner son récit prime-sautier et coloré, dont l'absence de recherche représente peut-être le comble de l'art.

La scène est une des plus tragiques que l'apparition des submersibles ait ajoutées au vieux répertoire des drames de la mer. Et comme il est malheureusement très rare que les acteurs en reviennent, profitons de l'occasion pour essayer de nous la représenter avec un peu plus de détails, car elle en vaut la peine. Les souvenirs du quartier-maître Mahé, autre prisonnier rentré de captivité, vont nous y aider.

L'abordage ayant déterminé un coup de feu aux batteries électriques, les turbines ont stoppé en même temps que les lampes se sont éteintes, même celles de secours. Mais si l'on ne voit rien, on entend tout, et chaque bruit retentit comme un glas : sourd grondement des eaux engloutissantes, chutes inquiétantes de gens et de choses, questions anxieusement posées, débâcle des accus les uns par-dessus les autres, sinistres craquements de la carène sous une pression de plus en plus formidable. Ça sent partout le brûlé, et d'infectes émanations de chlore, avant-courrières de l'asphyxie, prennent les hommes à la gorge. Le pauvre chien Tango est affalé quelque part entre les deux chaudières...

Tout d'un coup, de cette antichambre de la mort s'élève un chant... Au cœur d'acier du *Monge* ont répondu ceux de nos marins, d'un métal encore mieux trempé. Ils chantent ! Si les tôles commencent à céder, eux ne bronchent pas. Ainsi que les Gaulois leurs ancêtres, ils n'ont peur de rien, et le manifestent en entonnant l'hymne pour la France à 70 mètres sous l'eau. Oui, dans leur espèce de cage à demi renversée qui menace de s'écraser comme une coquille d'œuf que l'on serre un peu trop fort, ils chantent ! Aucune galerie devant laquelle crâner cependant, et, s'ils y restent, nul ne saura jamais comment ils auront fini — peu importe : c'est pour eux-mêmes qu'ils chantent, possédés du sublime délire qui fait les martyrs et les héros. Ah ! de quelle façon jamais honorer assez de pareils hommes ?

Rétabli à tâtons, un éclairage de fortune a révélé toute la gravité de la situation. Les aiguilles des manomètres sont à bout de course, et leur fixité prouve que l'on a largement dépassé les profondeurs permises au *Monge*. Et pourtant, la main sur la commande des plombs de sécurité, sa dernière sauvegarde, Morillot hésite encore à les lâcher. Allégé de leur poids, le sous-marin remontera sans doute à la surface, mais pour se voir aussitôt pris, étant donné qu'il lui sera désormais interdit de plonger. Tant pis, et à Dieu vat ! on jouera le tout pour le tout. S'il fait bon vivre, il est beau de mourir pour la Patrie. Et le silence des hommes, qui répond à son immobilité, signifie leur acquiescement au sacrifice...

Sous la direction du commandant, praticien hors ligne, les mécaniciens sont, entre temps, parvenus à remettre les turbines en marche, et voilà que les craquements diminuent, puis cessent. A la lueur d'une allumette que frotte le second, l'enseigne de vaisseau Appell, on voit le grand manomètre décoller de son maximum (45 mètres) : « Courage ! s'écrie-t-il, nous remontons. » Or, la carapace intérieure n'ayant pas d'avarie essentielle, rien n'empêchera de reprendre la lutte, et c'est la seule pensée de tous. Vite, aux périscopes, afin de chercher l'ennemi. Hélas ! l'un des deux a été défoncé, et le second ne joue plus. Le *Monge* est aveugle...

XIII

DERNIER COUPLET DU MÊME

C'est le *Llka* qui a passé sur le sous-marin. Il s'en est aperçu au choc ressenti, et a donné l'alarme à ses camarades, dont les projecteurs fouillent maintenant la mer. Les gueules des canons suivent les faisceaux lumineux dans leurs recherches, prêtes à cracher sur tout ce qui se montrera. Trahie par les remous de son casque, la réapparition du *Monge* est saluée par un feu des plus nourris. Quatre obus éclatent tout contre, sans toutefois entamer la coque principale, celle qui assure l'étanchéité. Pour échapper à la capture, pas d'autre alternative que de s'immerger à nouveau, quels qu'en soient les risques dans l'état où se trouvent actuellement les appareils.

« Aux postes de plongée ! Ouvrez les purges ! » Mais, à peine l'ordre a-t-il reçu un commencement d'exécution, qu'un projectile fait explosion dans la niche du périscope bâbord, créant une voie d'eau irrémédiable. Cette fois, rien ne pourra plus empêcher le *Monge* de sombrer. Alors seulement, le commandant se décide à lâcher les plombs.

Puisque son navire est perdu, il profitera du répit que va donner ce délestage momentané pour le faire évacuer. Après avoir refermé les purges, il ordonne d'ouvrir le panneau avant, l'unique à ne pas se trouver sous l'eau, et y conduit lui-même ses hommes. « Pas par là, mon petit — indique-t-il à qui se trompe — par ici. Les premiers arrivés sur le pont se jetteront à la mer, afin de montrer que le *Monge* coule, et arrêter le feu de l'ennemi. »

En haut, les coups de pinceau des phares électriques éclairent les hommes qui sautent à la mer au fur et à mesure que le bâtiment s'enfonce. Les Autrichiens ont cessé le tir. Car ils ne sont pas aussi inutilement ni surtout aussi lâchement inhumains que les Allemands. « Nous allons de l'avant, chantant la *Marseillaise* et criant : Vive la France ! (Lettre du maître Jaffry.) Puis plus rien sous les pieds. Adieu, *Monge!* Entraînés un instant, nous buvons une tasse, après quoi nous remontons sur l'eau. Nous ressentons une forte décharge (explosion du *Monge?* départ accidentel de la torpille dont il sera question ci-après?). Les débris du pont (en bois) flottent et nous aident à surnager. Nous nous tenons à douze sur la planche de débarquement, les mains dessus, nageant avec les pieds. Nous passons ainsi une bonne demi-heure, nous appelant et nous encourageant, tantôt éclairés, tantôt dans le noir. Les quartiers-maîtres Morel et Goulard manquent. Nous avons entendu Morel appeler, mais il avait disparu avant qu'on ait pu lui porter secours. Quant à Goulard, cependant monté un des premiers, personne n'a su comment il s'était noyé. Enfin, deux des ennemis mettent chacun une embarcation à la mer et nous sommes ramassés, dix-huit et l'officier en second sur le *Balaton*, les sept autres à bord du *Czepel.* »

(Pour expliquer son retard à recueillir les naufragés, le commandant du *Balaton* a allégué une torpille du *Monge* qui serait partie toute seule, au dernier moment, et qu'il pouvait croire intentionnellement lancée sur son bâtiment.)

XIV

A L'IMPÉRISSABLE MÉMOIRE DE ROLAND MORILLOT

Dans ce double combat du *Monge*, à la fois contre l'ennemi et contre la mer dont il finit par devenir la proie, on se demande ce qu'il convient d'admirer davantage : du sang-froid, de l'inébranlable fermeté ainsi que de la maëstria du commandant : ou de l'obéissance absolue, sans réserve, du dévouement jusqu'au bout d'un équipage qui, miraculeusement sorti du gouffre, n'hésite pas un instant à entreprendre une seconde plongée dont il avait toutes les chances de ne pas remonter. Mais ce n'est pas tout. Il nous reste à raconter l'immolation de Morillot, apothéose de cette lutte héroïque. Demeuré seul à bord, tout seul avec le chien Tango qu'on a oublié, ou pas retrouvé, il s'est laissé engloutir en même temps que son bateau, sans qu'on l'ait vu esquisser un geste pour se sauver. Et comme il s'agit ici d'un fait unique, en passe de devenir légendaire dans les fastes de la marine, j'ai interrogé mes deux témoins à fond.

Premièrement maître Jaffry. « Ce que je sais

de notre regretté commandant? Il n'est pas monté sur le pont. Il est resté à son poste. Très calme, la main sur la caisse d'assiette, il regardait le manomètre de profondeur et suivait le mouvement de descente du navire. Dans sa pensée, sûrement il se disait : Pourvu que tous mes hommes montent à temps ! Aux derniers il recommande de faire vite, et ceux qui vont chercher le panneau arrière, il les prend par le bras pour les remettre dans le bon chemin. Ce qu'il a fait quand il a vu tout le monde monté, je l'ignore, mais il m'a semblé que le navire se mettait à descendre plus rapidement. L'équipage vous dira de même. Une fois seul, il aura pu ouvrir les purges des ballasts centraux, qu'il avait sous la main, pour faire couler le *Monge* plus vite, crainte de le savoir seulement effleuré par la main des Boches. C'est sans doute ce qu'il a fait, mais je ne l'ai pas vu, ni personne. Et, dans tous les cas, il est une chose que je puis assurer, ainsi que tous mes hommes, c'est que notre regretté commandant, quoi qu'il advienne, aurait fait disparaître son navire, et que lui-même n'aurait jamais été fait prisonnier. »

Le quartier-maître Mahé (1), un des deux der-

(1) A Brindisi, un soir qu'il ventait bourrasque, Mahé était occupé à mettre de l'ordre sur le pont. Entendant des matelots italiens crier que quelqu'un se noyait, il se jette à l'eau tout habillé, attrape l'homme au moment où il allait disparaître et le sauve. Comme par hasard, ce modeste héros est encore un Breton, de Plouézec (Côtes-du-Nord).

niers à avoir vu Morillot, était dans le poste central ; il y trouve le commandant qui lui serre la main. « Le quartier-maître Brave était là aussi, très calme, raconte-t-il. Le commandant nous a dit : Notre pauvre *Monge* est perdu, mais vous avez encore le temps ; passez par ici, mes enfants. Il nous a ouvert la porte du compartiment des accumulateurs et nous a dit : Au revoir et bon courage, mes enfants ! Je n'ai pas osé lui dire de monter avec nous, car je voyais qu'il s'était résigné à mourir avec le *Monge*. Du reste, il l'avait fait savoir auparavant au quartier-maître de timonerie. »

De ces deux témoignages il résulte que, fermement décidé à ne pas voir le *Monge* devenir un trophée pour l'ennemi, Morillot aurait attendu que le dernier de ses hommes fût sorti pour activer la descente au fond par tous les moyens à sa disposition. Mais, après? La mort l'a-t-elle surpris dans l'accomplissement de cet acte surérogatoire? Le temps lui a-t-il manqué pour remonter ensuite? Ou, ainsi que l'équipage en est persuadé, est-ce de propos délibéré qu'il n'aura pas voulu survivre à la perte de son bâtiment, soit révolte d'un grand cœur contre la fortune adverse, soit sursaut d'orgueil patriotique, soit tout autre motif capable de déterminer une résolution aussi farouche? Autant de questions qui ne recevront jamais de réponses, car les dires de Jaffry et de Mahé ne sont que des présomptions. Contentons-nous donc de saluer la fin sublime de Morillot comme on s'incline devant tout ce qui dépasse la commune mesure, et que le reste demeure un secret entre sa conscience de marin sans peur ni reproche et la foi qui était la sienne.

D'aucuns ont cependant estimé qu'un pareil sacrifice était inutile, étant donné que le *Monge* allait inévitablement s'abîmer. D'abord on n'est jamais sûr de rien, surtout dans un semblable moment. Et puis, ainsi que me l'a noblement écrit le beau-père de Morillot, le vice-amiral de Marolles, « non seulement des faits comme celui-là honorent notre pays, mais ils sont nécessaires pour susciter et exalter la contagion de l'héroïsme indispensable au salut de la France. Je ne peux donc qu'approuver Morillot. Et pourtant je l'aimais comme un fils, autant que l'enfant de dix-neuf ans que je viens de perdre devant Verdun (1). »

Certes, Morillot n'est pas le seul de nos commandants ayant poussé le scrupule du devoir jusqu'à la plus extrême limite. Avant et après lui, nombreux furent les officiers qui ont péri avec leur bâtiment, plutôt que de sauter à l'eau en se

(1) Sans compter un frère, colonel du 137e d'infanterie, glorieusement tué dans les Ardennes au milieu de son régiment, comme celui-ci enlevait un drapeau allemand, et un fils aîné, chef de bataillon à vingt-six ans (chevalier de la Légion d'honneur, quatre fois blessé et décoré de la croix de guerre avec quatre palmes), qui est tombé héroïquement à la tête de son bataillon, entre la première et la deuxième ligne allemande, lors de la dernière offensive de l'Aisne.

croyant les derniers à le faire, pour apprendre ensuite qu'ils avaient laissé quelqu'un derrière eux. Ainsi sont glorieusement morts le capitaine de vaisseau Rageot de La Touche (*Bouvet*, 18 mars 1915), le contre-amiral Sénès et le capitaine de vaisseau André (*Léon Gambetta*, 27 avril 1915), le capitaine de frégate Vesco (*Provence II*, 25 février 1916), le lieutenant de vaisseau Kerboul (*Gallia*, 14 octobre 1916), le capitaine de vaisseau Delage (*Danton*, 19 mars 1917), tous refusant héroïquement de se laisser sauver. Et je ne parle pas de beaucoup d'autres dont nous ne savons malheureusement rien ou presque, comme le lieutenant de vaisseau Théroinne (*Mousquet*, 28 octobre 1914), le lieutenant de vaisseau Fournier (*Saphir*, 15 janvier 1915), le lieutenant de vaisseau Aubert du Petit-Thouars de Saint-Georges (*Joule*, 1er mai 1915), le capitaine de frégate Causse (*Amiral Charner*, 8 février 1916), le lieutenant de vaisseau Hardy (*Renaudin*, 18 mars 1916), l'enseigne de vaisseau de 1re classe Barthes (*Montaigne*, 27 octobre 1916), l'enseigne de vaisseau de 1re classe La Porte (*Blanc-Nez*, 27 octobre 1916), l'enseigne de vaisseau de 1re classe de Boutray (*Saint Hubert*, 30 octobre 1916), le lieutenant de vaisseau Boussès (*Yatagan*, 3 décembre 1916), le lieutenant de vaisseau Ladonne (*Surprise*, 3 décembre 1916), le capitaine de vaisseau Guépin (*Suffren*, fin novembre 1916) et le capitaine de frégate Lacaze (*Cassini*, 28 février 1917), dont pas un n'a voulu abandonner le vivant morceau du sol de la patrie qui lui avait été confié (1).

Mais je ne crois pas les amoindrir en plaçant l'héroïsme de Morillot encore au-dessus des leurs. Je suis même certain d'être l'interprète de la marine tout entière en exprimant le vœu que son nom soit porté par un de nos grands croiseurs, comme jadis celui de l'enseigne Bisson qui, après avoir donné ordre d'évacuer le brick *Panayoti*, qu'il commandait, se fit sauter avec, plutôt que de le rendre à des pirates grecs (5 novembre 1827). Car déjà dans ce temps-là — quinze jours après Navarin ! — certains Grecs ne résistaient pas à la tentation de tirer dans le dos de ceux qui se battaient pour leur cause. « Aux sous-marins, nous qui savons mieux que personne ce que peut être une tragédie comme celle du *Monge*, nous restons muets d'admiration. Mais il faut que cette page si glorieuse et si simplement belle demeure un exemple et un motif de fierté pour tous » — écrit le lieutenant de vaisseau Lorfèvre, chargé, avec son camarade Devarenne, de recueillir les déclarations des rapatriés du *Monge*.

Les Italiens ne nous ont d'ailleurs pas attendus pour glorifier notre héros. Par un ordre du jour du 14 avril 1916, S. A. R. le duc des Abruzzes (alors

(1) Je parlerai une autre fois des capitaines au long cours, commandants de paquebots ou de cargos, qui en ont fait autant, et dont les noms méritent de figurer sur le même Livre d'Or.

commandant en chef de la flotte italienne) se plaît à payer un juste tribut d'hommages à « l'héroïque élan de sacrifice dans lequel le lieutenant de vaisseau Morillot voulut demeurer à bord de son bâtiment qui coulait. Sa Majesté le Roi, pour honorer cet acte, *di purissima virtu marinara*, a daigné lui conférer *motu proprio* la médaille d'or de la Valeur militaire. » Distinction tellement rare qu'aucun officier de la marine italienne ne l'avait encore obtenue pendant la présente guerre. En transmettant la décision royale au commandant de Cacqueray, le vice-amiral Cutinelli-Rendina, chef de la deuxième escadre, ajoutait : « Son souvenir restera l'objet de notre culte et de notre admiration. » Voici enfin, dernier témoignage et peut-être le plus touchant de tous, la lettre que l'équipage prisonnier du *Monge* écrivait à la veuve de son commandant, Mme Roland Morillot, née de Marolles :

Camp de concentration de Deutsch Gabel (Bohême),
le 20 février 1914.

MADAME,

Malgré l'éloignement, nous joignons notre douleur à la vôtre pour pleurer la mémoire de celui qui restera malgré tout notre commandant. Frappé par un coup du destin alors que la victoire souriait éclatante, le commandant Morillot est mort en héros après avoir fait l'impossible pour sauver son navire et son équipage. Pur et noble exemple de bonté, de travail, de courage et de vaillance, tous nous l'aimions, mais combien en mille il savait nous le rendre. De toujours nous en souvenir nous faisons le serment.

Veuillez recevoir, madame, l'hommage de notre profond respect.

L'équipage du *Monge* (1).

(1) En voici la liste : Morillot, lieutenant de vaisseau, commandant (disparu) ; Appell, enseigne de vaisseau de première classe, officier en second ; Jaffry, premier maître électricien, patron ; Le Fur, deuxième maître électricien ; Lantier, deuxième maître torpilleur ; Bernardi, deuxième maître mécanicien ; Messager, deuxième maître de manœuvre ; Mahé, Le Saëc, Garrec, Carli, Derrien, Alix, quartiers-maîtres électriciens ; Chahen, quartier-maître timonier ; Cochet, Touzet, matelots cuisiniers ; Panet, Rio, matelots torpilleurs ; Guibbal, Montagne, Brave, Domérégo, Coste, Morel (disparu), Goulard (disparu), Garlandat, Jandot, Letheule, Beaugrand, quartiers-maîtres mécaniciens.

XV

LES SERBES ARRIVENT A LA COTE

Après une retraite dont les glorieuses péripéties sont encore présentes à toutes les mémoires, les premiers détachements serbes atteignaient enfin les bords de l'Adriatique.

Tout ayant été dit sur leur effroyable état d'épuisement, je n'y ajouterai que les quelques lignes suivantes, empruntées à l'un de mes correspondants : « Des uniformes en lambeaux, peu ou point de vivres depuis de longues semaines, marcher nuit et jour dans la neige avec l'ennemi qui harcelait sans cesse, des malades et des blessés qu'on ne pouvait soigner, toutes ces misères avaient réduit les troupes serbes à la plus déplorable condition. Les soldats portaient des savates à bout pointu orné d'un gros pompon de laine, quand ils n'étaient pas réduits à s'envelopper les pieds de bandelettes d'étoffe ou de cuir. Cette absence de chaussures leur permettait de marcher pour ainsi dire sans bruit. Le passage de ces régiments composés d'hommes minés par la fatigue et la faim, hâves, voûtés, en haillons, qui avançaient lentement, en ondulant, comme un défilé d'ombres aux pas ouatés, était une véritable vision de cauchemar. » — « C'est peut-être le plus grand crime des temps modernes qui est en train de se commettre », disait le colonel Broussaud, chargé de les recevoir à Durazzo.

Tels qu'ils arrivaient, la nécessité s'imposait de les transporter quelque part où ils puissent se refaire. La question était de savoir où l'on donnerait asile aux infortunés Serbes. Suivant son habitude, ce fut encore et toujours la France qui se montra la plus secourable à leur égard, offrant de les recueillir en Tunisie. De petites unités, torpilleurs, chalutiers, cargos, devaient les prendre à Durazzo et à San Giovanni di Medua pour les conduire à Brindisi et à Valona, d'où de grands navires les auraient emmenés à Bizerte. A cet effet, nous envoyions immédiatement les paquebots *Natal*, *Sinaï* et *Arménie*, ainsi que les deux croiseurs cuirassés, *Jules Michelet* et *Victor Hugo*, que quatre autres devaient suivre. En même temps ralliaient tous les petits bâtiments disponibles pour faire la navette entre l'Albanie et l'Italie, et assurer la protection du transport à Bizerte.

Personne qui ne connaisse la pénible et touchante odyssée du roi Pierre, arrivant à Durazzo et gagnant de là Valona sur un caisson d'artillerie traîné par des bœufs. Une escadrille le fit passer à Brindisi ; mais il refusa l'hospitalité italienne pour aller attendre son armée à Salonique, où elle devait bientôt reprendre magnifiquement sa place parmi les combattants de la Justice et du Droit. Ce furent deux de nos contre-torpilleurs, le *Mameluck* et le *Spahi*, qui eurent l'honneur de le conduire à destination.

En même temps que se continuait le ravitaillement par les ports albanais, le personnel de la cour, les ministres, la Skouptchina, les membres des différentes missions françaises, anglaises et russes, y étaient successivement embarqués. Tout cela grâce à la prodigieuse activité des flottilles alliées qui, la nôtre en tête (1), se dépensaient sans compter afin d'arriver à sauver tout le monde avant que l'ennemi ne débouchât à son tour. Elles étaient placées sous le commandement des amiraux Cutinelli-Rendina (Italie), Troubridge (Angleterre) et du capitaine de vaisseau Lejay (France) — ce dernier remplacé le 8 janvier 1916 par le capitaine de vaisseau de Cacqueray, pour être spécialement détaché auprès de S. A. R. le duc des Abruzzes, commandant en chef des forces navales

(1) Plus heureux que le *Monge* et à la même date (29 décembre), notre sous-marin *Archimède* (commandé par le lieutenant de vaisseau Deville) torpillait, au large du cap Planka, un cargo autrichien qui faisait le service de transport entre Pola, Sebenico et Cattaro. Ayant plongé aussitôt après, il perçut le bruit des hélices appartenant aux destroyers lancés à sa poursuite. Des bombes lui furent jetés, dont l'une produisit une légère voie d'eau au kiosque, ce qui l'obligea d'aller relâcher à Barletta, sur la côte italienne d'en face.

italiennes. Car la besogne se compliquait tous les jours, en même temps qu'elle devenait plus urgente et plus périlleuse.

Mais on doit bientôt reconnaître que le transport en Tunisie serait d'une lenteur incompatible avec les progrès de l'ennemi, lequel menace le Lovcen et descend déjà le long de la côte, sans que Serbes ni Monténégrins soient désormais capables de leur offrir une résistance de quelque durée. Par ailleurs, l'apparition du typhus et du choléra rend des plus dangereux, au point de vue de la contagion, l'enlèvement à grande distance des malheureuses troupes qu'il s'agit d'évacuer. Il faut leur trouver un refuge suffisamment rapproché pour que l'opération puisse s'opérer avec la plus extrême célérité, jointe au minimum de risques. Corfou, par exemple, dont le climat convient merveilleusement au rétablissement des malades. A 60 milles du port d'embarquement le plus éloigné, cette île privilégiée offrait en outre une rade de toute sûreté et de nombreux îlots où isoler les contaminés. On ne pouvait mieux choisir, étant donné que la Grèce se trouverait dans l'impossibilité morale et matérielle de refuser l'hospitalité aux frères d'armes qu'elle avait si piteusement lâchés. Continuant l'œuvre si bien commencée, ce fut M. Briand qui négocia les accords nécessaires, et la France que les Alliés chargèrent de les mettre à exécution sans aucun retard.

XVI

CEUX DONT ON NE PARLE JAMAIS ASSEZ

Peu d'opérations ont été aussi bien combinées et réussies que celle de Corfou. A peine résolue par notre gouvernement (5 janvier 1916), l'amiral Dartige du Fournet, commandant en chef l'armée navale de la Méditerranée, recevait l'ordre télégraphique de l'exécuter sur-le-champ, toute latitude lui étant laissée quant aux moyens. Les Serbes continueraient à être dirigés sur Bizerte (au nombre d'environ 13 000, dont moitié hospitalisés, parmi lesquels se produisit assez longtemps une moyenne journalière de huit à dix décès par suite de choléra ou de typhus), jusqu'à ce que l'île fût prête à les recevoir et que l'on eût assuré la sécurité des convois. Car impossible d'acheminer des bateaux sur une route quelconque sans l'avoir préalablement draguée et couverte d'un réseau de patrouilles contre sous-marins.

Or, simultanément avec le transport de l'armée serbe, nous avions à conduire l'évacuation des Dardanelles, ainsi que le débarquement et le ravitaillement de troupes de plus en plus nombreuses à

Salonique. On voit d'ici quel gigantesque remue-ménage ! Disons immédiatement que, grâce aux dispositions prises, les risques encourus se trouvèrent partout réduits au minimum, et qu'en ce qui concerne spécialement les Serbes, aucun d'eux ne fut victime d'un accident de mer ni d'un torpillage. Résultat tout à la louange de nos marins qui en furent les principaux artisans et y gagnèrent l'admiration des Anglais et des Italiens. Il n'y a guère que la France où le public se désintéresse suffisamment de ce qui se passe sur mer pour ne pas avoir applaudi comme il convenait à un aussi beau succès.

En m'efforçant de faire un peu mieux connaître la splendide besogne accomplie par l'admirable corps auquel j'ai eu l'honneur d'appartenir, je laisserai, comme d'habitude, le plus souvent possible la parole à mes correspondants de tous grades. Écrits entre un coup de vent et une alerte de submersible, fleuris d'expressions empruntées au langage tout spécial et si pittoresque en usage à bord, leurs récits ont, en effet, une puissance évocatrice auprès de laquelle pâliraient même les pages de nos plus grands écrivains. Lorsque l'oiseau chante, les virtuoses n'ont qu'à se taire et à écouter. Surtout quand ce sont des lettres de matelots. Adorablement naïves, elles nous révèlent des âmes patientes et généreuses, gaies comme tout ce qui est resté simple, d'une fantaisie jamais banale, et capables des plus exquises délicatesses. Quant au dévouement, nous venons de voir les hommes du *Monge*. C'est pourquoi je ne manque jamais l'occasion, chaque fois qu'elle se présente, de mettre en scène ces modestes serviteurs du pays, dont les cœurs de héros battent sous la chemise de laine et le col bleu du Mathurin. Car, sur mer comme sur terre, c'est le peuple, l'obscur et innombrable concours des humbles, d'autant plus méritant qu'ayant davantage à perdre et moins à gagner, qui a le plus souffert et le plus superbement triomphé de tout. Gloire à eux d'abord !

XVII

LEURS CHEFS

Mais il serait souverainement inique de ne pas rendre la même justice aux chefs qui les commandent, à ces indispensables entraîneurs d'hommes sans l'expérience et l'ascendant moral desquels la vaillance et le nombre demeureraient impuissants. Après le tribut payé en bloc aux sauveteurs de l'armée serbe, il me reste à remplir l'agréable devoir de nommer ceux qui ont eu la lourde charge d'en diriger les phases successives, tels que les amiraux de Gueydon et de Bon, les capitaines de vaisseau Fatou et de Cacqueray. Ayant été leur ancien à tous, j'userai de la liberté dont jouissent chez nous les vétérans du métier pour dire familièrement ce que je sais d'eux, et rappeler les titres éclatants qu'ils ont acquis à notre reconnaissance.

De Gueydon, c'est l'homme de Corfou. Avisé autant qu'énergique, il saura prendre les décisions opportunes et résoudre ou aplanir les innombrables difficultés de chaque jour. La sûreté de ses méthodes et sa belle humeur inspireront une telle confiance au Prince régent de Serbie que celui-ci s'en remettra entièrement à l'amiral français pour mener à bien l'œuvre immense de recevoir 150 000 Serbes mourant de faim sur une île où tout était à créer, à commencer par la défense contre les requins boches qui rôdaient alentour. Il les réexpédiera trois mois plus tard à Salonique, et toujours avec le même bonheur. En le revoyant ces temps derniers, nouvellement promu vice-amiral, je l'ai retrouvé tout pareil au bon gros garçon plein de finesse et d'entrain qu'il était à l'École navale, montrant dès lors un véritable tempérament de marin et, quoique fils d'amiral, aussi peu « malle en cuir » que possible, comme on disait dans ce temps-là. Aujourd'hui, le voilà un de nos grands chefs de mer.

Tout différent est l'amiral de Bon. Menu et nerveux, mais donnant tout de suite, à qui l'aborde, l'impression de se trouver en face d'un caractère. La franchise et la résolution se lisent effectivement, et à première vue, dans ses yeux bleu d'acier dont le clair regard illumine une physionomie des plus avenantes. C'est un technicien émérite qui possède également le don de l'organisation et joint les larges vues d'ensemble à la faculté de n'omettre aucun détail. Jeune contre-amiral et sous-chef d'état-major général au début des hostilités, il avait déjà installé et remarquablement commandé les bases de Seddul-Bahr et de Salonique, quand il vint coopérer à l'établissement de celle de Corfou. Depuis, il a été pourvu de sa troisième étoile, car la guerre l'a mis tout à fait en première ligne parmi ceux de nos amiraux dont la marine attend le plus. A la hauteur de tous les devoirs, il n'y aura jamais de responsabilité trop écrasante pour lui.

Le commandant Fatou a été le brillant chef des patrouilles en Méditerranée. Il y a reproduit et adapté à un autre milieu les méthodes inaugurées dans la Manche par le commandant Merveilleux du Vignaux, dont je raconterai une autre fois la rude et fructueuse campagne. Tous deux y ont du reste gagné, et bien gagné, le grade de contre-amiral. Marin comme les cordes, de jeune et fière allure, Fatou est de ceux, en majorité actuellement, qui ont adopté le « chic » anglais, visage rasé net, manières rondes et mise de la dernière correction. Un peu plus de tenue et de discipline sont d'ailleurs les seules choses que nos marins, comme nos soldats, puissent envier à qui que ce soit dans le monde. Et cela, depuis le déplorable relâchement toléré chez eux, sinon encouragé, par certains mauvais bergers que les hasards de la politique avaient donnés à deux genres de troupeaux dont il faudrait, s'il était possible, doubler les forces de cohésion, bien plutôt que chercher à les détruire. Fatou et ses chalutiers seront au premier rang parmi les protagonistes de l'action qui va suivre.

Pas de situation plus épineuse que celle du capitaine de vaisseau de Cacqueray. Établi à Brindisi, sur le *Marceau*, il avait le commandement des flottilles de contre-torpilleurs et de sous-marins qui, en liaison avec les Anglais et les Italiens, mais sous l'autorité supérieure de ces derniers, devaient à la fois protéger nos convois à travers l'Adriatique et se porter à la rencontre de l'ennemi, quand il venait attaquer les points d'embarquement où nous allions prendre les Serbes. Il y fallait autant de tact que de qualités militaires, ce qui était précisément le cas du commandant de Cacqueray. Sous son audacieuse direction, nos flottilles de l'Adriatique se sont couvertes d'une gloire dont bonne part lui revient de droit. Je me permettrai d'ajouter que ses rapports montrent qu'il sait voir juste et loin.

Trop nombreux sont, malheureusement, les commandants et officiers placés sous les ordres de ces chefs éprouvés pour que je puisse en parler autrement que quand les circonstances amèneront leurs noms sous ma plume. C'est le même genre de regret que j'ai déjà éprouvé en racontant ailleurs l'épopée de Dixmude et l'héroïque aventure des Dardanelles. Car si nos officiers de marine forment une élite où l'ardeur sacrée, l'abnégation la plus complète, le courage sans défaillance et la valeur professionnelle sont de tradition constante, si tous ont inlassablement et magnifiquement donné de leur personne, chacun sait que, à la guerre comme ailleurs, la fortune est une capricieuse dont les faveurs ne vont pas toujours à qui a le plus fait pour les gagner.

XVIII

A CORFOU

Dès le 7 janvier, une première escadrille de dix chalutiers part de Malte pour se livrer à une reconnaissance préalable autour de Corfou, draguer les mines et écarter les sous-marins. Une seconde équipe la suit à quarante-huit heures d'intervalle, de manière à ne pas trop éveiller l'attention des espions ennemis qui foisonnent partout. Trois torpilleurs de grand'garde, que couvre le *Lavoisier*, et sept chalutiers portant des filets contre submersibles, complètent le réseau protecteur à l'abri duquel les gros bateaux vont pouvoir opérer.

Le 8, les croiseurs cuirassés *Edgar Quinet* (pavillon du vice-amiral Chocheprat, chargé de procéder à l'occupation), *Waldeck-Rousseau* (contre-amiral de Gueydon), *Ernest Renan*, *Jules Ferry*, et cinq torpilleurs, qui se trouvaient réunis à Bizerte, reçoivent ordre d'embarquer un bataillon de chasseurs alpins (le 6e, commandant Melle-Desjardins) avec armes, bagages, mulets, et de prendre leurs dispositions pour appareiller au premier signal. La nuit suivante, départ à 2 heures du matin pour destination inconnue de tous, sauf du chef, avec un enthousiasme auquel ajoutait le mystère gardé sur le but de l'expédition.

Pendant qu'ils font route, dans la nuit du 10 au 11, le consul de France à Corfou va réveiller le préfet grec afin de lui annoncer l'arrivée imminente de notre escadre et le prévenir de ce qu'elle vient faire dans l'île. Après avoir reçu la protestation en forme de ce fonctionnaire, il descend vers le port où personne ne se doute encore de rien. Avec lui attendent les guides et automobiles nécessaires pour tout conclure prestement, avant que les Allemands aient le temps de se mettre en travers. Quelques instants plus tard, exacts au rendez-vous convenu d'avance, nos croiseurs mouillent sur rade et débarquent aussitôt leur contingent d'alpins, auquel sont joints des piquets de marins. Avant le jour, les principaux carrefours de la ville ainsi que les points les plus importants de l'île se trouvent occupés. Les personnages convaincus d'intelligence avec l'ennemi ont été cueillis dans leurs lits, et l'*Arbalète* a saisi un poste louche de T. S. F. Corfou, qui s'était endormie plus qu'à moitié boche, se réveille tout à fait française, aux sons de la musique militaire chargée d'apprendre aux habitants le petit changement survenu pendant qu'ils dormaient.

Restait la question de l'Achilléion, propriété de Guillaume II, laquelle se trouve à 18 kilomètres de la ville, près d'un petit bourg appelé Gastouri.

A notre place, les Allemands n'eussent certainement pas manqué de manifester leur goujaterie naturelle par une démolition en règle, précédée d'un pillage à fond et accompagnée des plus ignobles souillures, sans compter les sévices exercés sur qui leur serait tombé entre les mains. Notre façon de procéder illustrera une fois de plus la dissemblance entre les deux genres de culture.

Voici, raconté par un jeune officier de marine qui en était, comment se passèrent les choses :

« 4 heures du matin. Une auto démarre du quai, emportant à toute vitesse une section de douze fusiliers marins sous le commandement d'un lieutenant de vaisseau. Une demi-heure après, celui-ci se présentait à la grille du palais, demandant l'entrée. Pas de réponse. Il insiste. A la fin, une fenêtre des communs s'ouvre et une voix enrouée crie, dans l'obscurité : « On ne visite pas, ce n'est pas l'heure. » Car le propriétaire, qui trouve qu'il n'y a pas de petits profits, autorise la visite moyennant une redevance de 2 francs par personne. Le gardien refusant d'ouvrir, l'officier menace de faire sauter la porte. On a tout ce qu'il faut pour cela. Surpris, l'autre s'exécute, et notre détachement pénètre dans l'Achilléion, dont il rassemble les hôtes : le gardien, deux femmes de chambre rousses — en galant déshabillé, hélas ! — un mécanicien et un entomologiste à lunettes. Blême de peur, celui-ci se traîne aux genoux de l'officier : — Si je dois mourir, je demande que ce soit ici. — Accordé.

Une compagnie de chasseurs arrive et, leurs fanaux à la main, les marins regagnent le bord. Le pavillon tricolore flotte sur la villa du kaiser, qui va devenir une ambulance pour les Serbes. »

Tout était terminé à 11 heures du matin et nos croiseurs reprenaient la mer pour s'en retourner à Bizerte. Malgré les menées allemandes et l'activité des sous-marins ennemis qui rendaient l'opération des plus scabreuses, et particulièrement le mouillage d'une force navale aussi importante dans des eaux suspectes, le dispositif arrêté par le commandant en chef et l'amiral Chocheprat avait été si heureusement préparé qu'il obtint un succès complet. Mais il faut être de la partie pour savoir tous les aléas que représente une action à distance, dans un pays où les pires surprises sont toujours à redouter, comme on ne l'a que trop vu à Athènes, par delà une mer dont chaque repli peut dissimuler une mine ou un sous-marin. Tel un corps d'armée en marche vers quelque lointain objectif, que survoleraient des zeppelins et des avions munis de bombes, chacune capable d'anéantir un régiment du coup, avec la différence que, les ennemis de l'air, on les voit encore venir à temps pour les combattre, tandis que ceux d'en dessous l'eau ne révèlent leur présence que par le coup mortel qu'ils vous portent invisiblement.

XIX

UNE BASE NAVALE

Demeuré à Corfou avec les chalutiers et les poseurs de filets, le *Lavoisier* commença par établir tout autour de la rade un système de barrages fixes, aux chenaux d'accès bien repérés, dont des patrouilleurs surveillaient les entrées. Le 19, l'amiral Dartige du Fournet venait, sur le *Châteaurenault*, se rendre compte de l'état des choses, rejoint le même jour par l'amiral de Gueydon (*Waldeck-Rousseau*) qui allait prendre le commandement de la base. Arrivait également l'amiral de Bon, à bord du yacht l'*Eros*, pour leur apporter le concours de son expérience. Resté seul quarante-huit heures après, l'amiral de Gueydon se mettait résolument au travail, en étroite collaboration avec le général de Mondésir, chef de la mission militaire française, lequel, après avoir fait preuve d'autant de cœur que d'adresse en dirigeant le repli de l'armée serbe, sera l'âme de sa reconstitution. Œuvre magnifique et chevaleresque sur laquelle il me sera malheureusement impossible de m'étendre, devant me borner à la partie qui concerne uniquement la marine, de beaucoup la moins connue.

Pour celle-ci, il ne s'agissait rien moins que d'improviser les moyens de débarquement nécessaires, appontements, escaliers, chemins d'accès et routes de dégagement, sur les divers points de l'île où allaient être concentrées les troupes attendues ; de réunir et d'aménager la très nombreuse batellerie, grande et petite — 18 remorqueurs (dont *Marsouin*, *Rove*, *Iskeul*, *Marseillais 14*, *Audacieux*, *Requin*), 27 barcasses, 9 chalands, 50 *surf-boats*, une dizaine de mahonnes et des embarcations de toutes dimensions, sans compter les navires-ateliers, citernes flottantes, grues de déchargement, etc. — qu'exigeaient le débarquement rapide et le ravitaillement des arrivants ; d'isoler les malades atteints de typhus et de choléra. En un mot de mettre sur pied les divers services ressortissant de ce que l'on appelle la « direction du port », dont tous les rouages étaient à créer. Il fallait en même temps maintenir et réparer les estacades, vérifier leurs passes, s'occuper du pilotage, du mouillage et du ravitaillement en eau, vivres et charbon, des transports toujours pressés qui arrivaient, déchargeaient et repartaient à toutes les heures du jour et de la nuit, constamment éclairer et draguer les abords de l'île, établir des postes de veille alentour, élever des batteries de côte aux bons endroits, enfin protéger les routes entre Corfou et la côte albanaise. Ce en quoi les

Anglais nous aidèrent efficacement par l'envoi d'une centaine de *drifters*, sorte de petits bâtiments de pêche (qu'on appelle des « cordiers » à Boulogne) qui se tiennent debout au vent sous leur tapecul, traînant un filet d'un millier de mètres pour prendre les sous-marins. Grâce à deux espèces de digues flottantes qui furent posées entre les pointes extrêmes de Corfou et la côte voisine, dont elles ne sont distantes que de 2 à 3 kilomètres, nos bâtiments eurent bientôt à leur disposition un bras de mer à peu près sûr, de 30 milles de longueur, où ils pouvaient non seulement se livrer à tous les mouvements que comportait l'hospitalisation des Serbes, mais exécuter leurs tirs au canon, lancements de torpilles, essais de machines et autres exercices indispensables.

Il y avait de plus à se pourvoir d'eau douce en quantité suffisante. Car si les sources alimentant l'île pouvaient fournir ses 80 000 habitants, on allait être dans l'obligation de tripler leur débit et de pratiquer de nouvelles adductions pour abreuver 150 000 bouches de plus. Et, depuis la farine jusqu'au dernier bout de filin, tout était à faire venir du dehors, d'Italie, de France ou d'Angleterre, étant donné que Corfou n'offre que très peu de ressources et que nous nous y heurtions à la sourde hostilité d'une population à laquelle besoin fut plus d'une fois de montrer les griffes. Les plus récalcitrants furent réduits à mettre les pouces, non sans renoncer à nous voler abominablement dans les marchés qu'ils passèrent avec nous. Les oranges montèrent à 10 francs la douzaine, et les petits cireurs de bottes réalisèrent des fortunes en s'improvisant changeurs de monnaie à des taux fantastiques.

Et tout cela ne donnera encore qu'une idée très incomplète des innombrables obligations auxquelles doit satisfaire la sorte de fourmilière à la fois aquatique, industrieuse et guerrière, que représente une base navale.

XX

UN HÉROS D'ÉPOPÉE :
LE PRINCE ALEXANDRE DE SERBIE

Le 9 janvier, la situation de l'armée serbe était la suivante :

Dans la région de San Giovanni di Medua, 1 200 officiers, 26 000 hommes de troupe, 7 000 chevaux, 2 000 bœufs.

A Durazzo ou alentour, 3 600 officiers, 69 000 soldats, 20 000 chevaux, 4 000 bœufs.

Se dirigeant sur Valona, une cinquantaine de mille hommes, officiers compris, 2 000 chevaux, 300 bœufs.

Répartis entre ces trois principaux centres, 41 canons de campagne et quelques pièces lourdes, glorieux débris de l'artillerie serbe.

Enfin le lamentable troupeau des réfugiés, vieillards, femmes et enfants, ayant pu échapper au massacre et à la servitude.

L'évacuation de ce peuple indompté se fera de Medua et de Durazzo, où ne peuvent pas se risquer de gros navires, par le moyen de petits bateaux, chalutiers principalement : *Memphis*, *Ver-*

don, *Nord*, *Petrel II*, *Marie-Rose*, *B.-F.*, *Corbière*, *Jean Bart*, *Miquelon*, *Charrue*, *Ginette*. Ceux de Medua viendront transborder à Brindisi, et ceux de Durazzo à Valona. De Brindisi et de Valona, transport à Corfou par le moyen de six grands paquebots français, *Sinaï*, *Natal* et *Arménie*, que nous avons déjà nommés, *Savoie I*, *Savoie II* et *Lorraine II*, armés en croiseurs auxiliaires, auxquels s'adjoindront autant de bâtiments de nos alliés. La protection des convois sera assurée, comme précédemment, par le haut commandement italien, avec le concours des croiseurs anglais ainsi que des torpilleurs et sous-marins placés sous l'autorité du capitaine de vaisseau de Cacqueray. L'amiral de Gueydon aura à sa charge la surveillance de la route depuis Valona et la réception à Corfou, avec les forces suivantes : *Waldeck-Rousseau*, *d'Estrées*, *Lavoisier*, 12 torpilleurs, 27 chalutiers et 5 dragueurs de mines.

En atteignant la mer, que la plupart ne connaissaient pas et redoutaient d'autant plus, les Serbes se croyaient du moins au terme de leurs misères. Avant qu'arrivât le moment d'embarquer, il leur restait pourtant de longues et mornes journées à attendre, campés dans les boues glacées du rivage, avec les visites journalières d'avions autrichiens dont les bombes faisaient de cruelles trouées dans leurs rangs déjà si clairsemés. Car, là comme ailleurs, le manque d'une direction unique se faisait fâcheusement sentir. Même sur la côte, les vivres étaient rares. On donnait jusqu'à des 10 et 20 dinars (à peu près autant de francs) pour une miche de pain de maïs, et le spectre de la famine reparaissait plus menaçant que jamais. Il y avait en outre le démoralisant spectacle des sous-marins ennemis venant couler des barques de pêche à portée de fusil. « Les infortunés ne sont plus maîtres de leurs nerfs tendus par la fatigue, le froid, la faim, le désastre. C'est partout le tumulte, le malheur, l'angoisse », écrivait le docteur Mitkovitch dans le *Journal de Genève*.

Arrive alors le prince Alexandre de Serbie, arrière-petit-fils et dernier héritier de Karageorges (1), le héros légendaire qui, en 1805, arracha sa patrie à l'abominable joug des Turcs. Après avoir été l'âme de la résistance contre la coalition des Austro-Bulgaro-Boches, son digne rejeton s'était montré le modèle et le soutien de tous durant la retraite. Il venait de subir une opération à Scutari, et avait dû faire la route moitié sur un fourgon d'artillerie, moitié sur un brancard porté par des soldats. A peine est-il à Durazzo qu'une bombe d'aéroplane éclate dans le jardin de sa maison, pendant qu'il suit la marche de ses troupes avec une jumelle. On

(1) Il m'est impossible de parler de la famille royale des Karageorgevitch sans évoquer avec émotion le souvenir du prince Bojidar, qui vécut en exil, chez nous, et mourut au moment où ceux de sa race venaient de remonter sur le trône de Serbie. Supérieurement doué pour tous les arts, c'était une sorte de Prince Charmant, très populaire à Paris où il ne comptait que des amis.

le presse d'embarquer. Encore convalescent, il a besoin de soins, et sa vie est trop précieuse pour la risquer inutilement. Mais lui déclare qu'au contraire il ne partira qu'après le dernier de ses soldats, geste qui rend aussitôt la confiance aux plus inquiets. A partir de ce moment, les pauvres Serbes se montrent résignés à tout. Quand c'est leur tour de monter sur le chaland ou le remorqueur si impatiemment attendu, ils esquissent une légère génuflexion et se signent dévotement. Nos marins les regardent faire avec une émotion contenue, puis, leur tempérament gouailleur reprenant le dessus : « Dirait-on pas qu'on les mène à l'enterrement ? »

XXI

LES BONS SAMARITAINS

Les civils furent dirigés sur l'Algérie ou Marseille, ceux munis de ressources suffisantes ayant obtenu l'autorisation de séjourner en Italie. Mais les typhiques et les cholériques, personne n'en voulait, et ce furent nos hôpitaux de Bizerte qui en héritèrent. Un certain nombre d'entre eux avaient été amenés à Brindisi, où tout le monde les refusait. Ce que voyant, le chalutier français *Verdon*, commandé par le lieutenant de vaisseau d'Aubarède, s'offrit pour les emmener à Corfou. Et c'est peut-être un des plus beaux actes de dévouement accomplis par nos marins, car il y a peu de morts aussi hideuses que celle à laquelle ils s'exposaient en venant prendre dans leurs bras de pauvres êtres atteints d'un mal essentiellement contagieux, et par-dessus le marché tellement sales et couverts de vermine qu'ils faisaient horreur à tous. Avec des précautions et des égards comme des frères n'en ont pas toujours les uns pour les autres, ces presque cadavres furent conduits dans les ambulances improvisées de Corfou, où des médecins et des infirmiers, encore de la marine, en sauvèrent quelques-uns et adoucirent la fin du reste. Mais de quoi ne sont pas capables des hommes à qui la mer semble avoir appris tous les genres de courage?

Nos transports *Natal*, *Arménie* et *Sinaï*, avec le *Re Vittorio Emmanuele*, le *Cordova* et le *Duca di Genova* (italiens), avaient eu la désagréable corvée de charger les 22 000 prisonniers autrichiens que les Serbes traînaient avec eux, et de les déposer en Sardaigne, non sans s'être fortement contaminés de typhus et de choléra. Des contre-torpilleurs italiens donnaient passage aux princesses monténégrines, tandis que le trésor serbe était enlevé — 800 millions à Marseille par le croiseur *Ernest Renan* escortant la *Plata* et la *Sant'Anna* qui emportaient aussi des réfugiés, et 12 millions à Brindisi, par la *Cognée* et l'*Infatigable*.

XXII

LE « PETREL II » ET LA « MARIE-ROSE »

On avait commencé l'exode par le plus pressant, c'est-à-dire par Saint-Jean de Medua, où les Autrichiens pouvaient survenir d'un moment à l'autre. Mais, devant l'impossibilité de tout débarrasser assez vite, il avait fallu imposer à la plupart des malheureux qui s'y trouvaient encore de filer sur Durazzo. Vers le 20 janvier, ne restaient plus là que deux milliers d'hommes et un certain nombre de pièces que le manque de routes ne permettait pas d'expédier par terre. Sachant combien les Serbes tenaient à ce matériel qui n'avait été sauvé qu'au prix des plus héroïques efforts, le général de Mondésir demanda au capitaine de vaisseau de Cacqueray d'essayer de le faire prendre. Sur les instances de ce dernier, et malgré les dangers que présentait l'opération, l'amiral italien Cutinelli consentit à l'envoi du *Petrel II* (enseigne de vaisseau Couillaud) et de la *Marie-Rose* (enseigne de vaisseau Augé). « Il faut réussir et vous réussirez, j'en suis sûr, » dit le commandant de Cacqueray aux deux officiers qu'il avait convoqués à bord du *Marceau*. « Et, ajoute l'un d'eux, je n'oublierai jamais le rayonnement de son visage pendant qu'il confiait cette belle mission à deux pauvres bougres de chalutiers. »

Rentrés de croisière le 20 janvier au matin, ils repartaient le même soir sous l'escorte des contre-torpilleurs *Commandant Bory* et *Boutefeu*. « Des quais paisibles de Brindisi, nous passons dans le chenal sinueux de l'avant-port, puis hors de rade, glissant entre les bouées lumineuses. Ensuite le champ de mines à traverser, après quoi le large et la nuit noire. Au fur et à mesure que nous avançons vers la côte albanaise, la brise fraîchit, et c'est par une véritable tempête de bora, avec grêle et pluie glaciale, que nous pénétrons dans le golfe du Drin, dont l'eau est toute limoneuse. Plus que jamais on veille, des sous-marins ayant été signalés dans les environs. Enfin, voici Medua. Déjà très restreinte par les bancs de sable, la petite anse est de plus encombrée d'une douzaine d'épaves (bateaux coulés par les Autrichiens). On se demande où passer, dans ce fouillis de coques à fleur d'eau, de mâts et de vergues pointant dans toutes les directions. Après avoir contourné la ligne des mines et le *Brindisi* (cargo italien sauté quelques jours auparavant sur une mine), nous donnons dans le port. Dix maisons et un misérable wharf sur pilotis vermoulus, au fond d'un entonnoir de montagnes aux rochers effrayants, c'est tout Medua.

» Un voilier vide se trouve justement accosté au bout du wharf, ce qui va faciliter nos opérations. Le *Petrel*, qui cale moins que nous, réussit à se placer contre, et, en m'échouant fortement, j'arrive à le joindre. A terre, des soldats en vêtements boueux et des chevaux squelettiques. L'appontement et le voilier sont bientôt envahis par une foule gelée, trempée, exténuée, qui veut absolument embarquer et que rien ne peut contenir. Impossible de mettre la main sur une autorité quelconque, et encore moins de se faire comprendre. Chacun ne songe qu'à fuir cet enfer. Voici enfin quelques officiers serbes qui réussissent à retenir un peu les trop impatients. Ils nous font amener un premier canon, roulé à force de bras sur les planches branlantes du wharf. A grands coups de caliornes (palans triples), la pièce est logée à bord du *Petrel*, l'affût et les roues sur la *Marie-Rose* dont le panneau est plus large. Les débuts sont lents, mais, après la deuxième pièce, l'embarquement marche à souhait.

» Le temps ne s'améliore pas. Tout le monde piétine dans la boue. Aux uniformes serbes complètement délavés, se mêlent les couleurs brillantes de la garde monténégrine. Assis sur une pierre, le roi Nicolas reçoit stoïquement la pluie, en attendant l'arrivée du torpilleur italien qui doit venir se mettre à ses ordres. Des soldats de la mission française surviennent et font la police. Les radiotélégraphistes du poste italien embarquent leurs bagages. Un état-major d'armée serbe est là, avec toutes ses archives. C'est un afflux de gens qui se pressent d'instinct vers nous et débordent constamment les quelques matelots chargés de les contenir. Malgré la bousculade qui gêne tout, nous avons réussi à embarquer dix-huit pièces de 75 et trois obusiers de 100, ainsi qu'une centaine de caisses de projectiles. Le temps est de plus en plus atroce, avec des grains torrentiels d'une pluie glacée. Il faudrait en venir aux coups pour empêcher cette infiltration lente et entêtée de gens que ni cris ni bourrades ne parviennent à arrêter. Nous en laissons embarquer le plus possible, environ un cent sur le *Petrel*, le double chez nous, Serbes, Monténégrins, Alliés, de tous grades et de toutes conditions, et c'est avec désolation que nous débordons pour arrêter le flot. Nous étions le dernier espoir de ces malheureux (il en reste environ quinze cents) dont l'unique ressource sera maintenant d'affronter les affreux sentiers, les marécages et les rivières débordées qui les séparent de Durazzo.

» La nuit va tomber, il n'est que temps de partir. Vite, on éventre des caisses de conserve. Tout notre pain et notre biscuit y passent et des gamelles de thé bouillant réconfortent nos hôtes. Mais tout de suite, en sortant de la baie, la mer grossit et des paquets d'embruns viennent mettre le comble au désordre inextricable qui règne à bord. La tempête nous accompagne jusqu'à Brindisi, où nous ıommes le 22 à 7 heures du matin. Avec la vue łe la terre italienne, la lassitude et le découragenent ont disparu comme par enchantement. Ser'ements de mains, acclamations à la France, pronesses de victoire et de revanche, et attrape à tout lébarquer, passagers et matériel! » (Journal de l'enseigne de vaisseau Augé, commandant la *Marie-Rose.*)

XXIII

LE DERNIER VOYAGE A SAINT-JEAN DE MEDUA

La satisfaction du chef de division (capitaine de vaisseau de Cacqueray) se manifesta par l'ordre donné aux deux vaillants petits chalutiers de retourner immédiatement d'où ils venaient, pour essayer de compléter leur sauvetage. Et pas plus tard que le lendemain soir (toujours le soir, les départs, afin de passer inaperçus), *Petrel II* et *Marie-Rose* reprenaient la route de Medua. Accompagnés cette fois par deux torpilleurs italiens, *Animoso* et *Bronzetti*, ils avaient instruction de se tenir plus que jamais sur leurs gardes, San Giovanni pouvant être occupé par les Autrichiens.

Au petit jour, le 24 janvier, les deux chalutiers lâchent leur escorte et contournent l'extrémité du champ de mines de Medua. Ils entendent des coups de fusil dans la montagne, la route d'Alessio est déserte, la plage vide — autant d'indices n'ayant rien de rassurant. Ils ne s'engagent pas moins dans le dédale des épaves et finissent par apercevoir quelques Serbes qui, ayant reconnu des amis, s'avancent vers l'appontement. Les nouvelles sont aussi mauvaises que possible. Les Autrichiens arrivent. (Ils seront à Saint-Jean le lendemain matin.) On se bat dans les environs, et, pendant que les arrière-gardes serbes se replient, les quelques centaines d'hommes demeurés sur place doivent faire sauter tout ce qui reste avant de gagner Durazzo, s'ils le peuvent. Tout cela se devine aux gestes que ponctue la fusillade, et il est évident que le retour des chalutiers représente pour les délaissés un hasard providentiel auquel ils vont se raccrocher désespérément.

Après une brève consultation entre eux, les deux jeunes commandants décident d'emmener tout le monde, avec l'aide de trois vieilles goëlettes et d'un grand chaland qui se trouvent encore sur rade et qu'ils prendront à la remorque. Grave responsabilité si le temps se gâte, mais on risquera le paquet. Seulement il faut se dépêcher. Et la promesse de ne pas être abandonnés prête des ailes aux moins valides. A 3 heures, l'embarquement est terminé. Quatre pièces de 75, dix caissons, deux voitures radiotélégraphiques, un millier de fusils neufs, des centaines de caisses d'obus, de cartouches et de grenades, ainsi que des quantités de harnachements, étaient arrimés sur les chalutiers. Le temps, qui s'est mis au sec, facilite le chargement, et il vente assez frais pour tenir les avions autrichiens à distance.

Quand le *Petrel* et la *Marie-Rose* sont bondés

de soldats, on met le reste dans le chaland et les goëlettes, où les Serbes ne s'embarquent pas sans une certaine appréhension. Ils craignent d'être semés en route, et on ne les rassure qu'à moitié en leur montrant la solidité des amarres, qui ont été doublées. Le *Petrel* donne le signal du départ, ayant le grand chaland à la remorque. Un quart d'heure après, c'est le tour de la *Marie-Rose*, suivie par ses trois allèges, à cent mètres l'une derrière l'autre.

« A 4 h. 50, doublé la ligne des mines (enseigne de vaisseau Augé). Tout à coup, nous apercevons un sillage qui se précipite sur nous à une vitesse folle. Il a pris naissance à trois ou quatre cents mètres sur notre droite. Mais c'est un éclair. Le temps de voir, et la torpille, qui a manqué l'*Animoso*, nous passe dessous, heureusement trop bas, par le travers du mât de misaine. Les hommes du gaillard entendent le ronronnement de l'engin qui vient en surface de l'autre côté de nous, puis replonge, reparaît et finit par exploser contre le rivage. L'*Animoso* s'est précipité à toute allure vers la route de fuite que doit probablement suivre le sous-marin. Le *Bronzetti* le rejoint et ils cherchent partout, en décrivant de vastes cercles. La nuit vient mettre un terme à la chasse et nous nous hâtons vers la côte italienne. Ma troisième goëlette embarde terriblement, mais la mer est belle, à Dieu vat !

» Vers minuit, entendu des cris épouvantables

partant de cette même goëlette. Il fait noir comme chez le diable, impossible de rien distinguer. Les cris continuent, des étincelles jaillissent, on jette des brandons à la mer. J'avais pourtant sévèrement défendu de faire du feu ! Mais ce n'est pas l'incendie. Voilà que des coups de fusil se mettent à partir, dont les balles sifflent à nos oreilles. Serait-ce un ennemi, un sous-marin que l'obscurité nous cacherait, à nous autres de la *Marie-Rose?* Dans ce cas, le plus dangereux serait de stopper, surtout que nos convoyeurs nous ont perdus. Donc, continuons. Enfin tout s'apaise. Quant à savoir ce qui s'est passé, il faut y renoncer jusqu'à nouvel ordre, les demandes qu'un officier serbe transmet à la voix, de bateau à bateau, restant sans aucune réponse. Mais, vers 2 heures du matin, nouvelle représentation de la même comédie. Hurlements, coups de feu, puis plus rien... »

En arrivant près de Brindisi, le lendemain matin, l'escorte se retrouve et on se prépare à donner dans les passes. La *Marie-Rose* prend ses goëlettes à couple, afin de pouvoir manœuvrer plus facilement, et on a l'explication du drame qui s'est joué pendant la nuit. Elle est du reste tragique et jette un jour sinistre sur les inévitables abominations dont s'accompagne une retraite aussi magnifiquement héroïque que celle des Serbes. Déjà pas très rassurés quand ils étaient montés sur la troisième goëlette, les soldats qui s'y trouvaient prirent peur en voyant la mer grossir et balayer le pont. Effarés, ils se sont mis à tirer avec leurs fusils toujours chargés sur ce qu'ils prenaient pour un nouvel ennemi. On parvient à les rassurer. Un peu plus tard, l'étrave fatiguant beaucoup, une voie d'eau se déclare, et cette fois rien ne peut plus dompter la panique. Les Serbes veulent absolument qu'on stoppe, pour les transborder sur un autre bateau. Mais il faut coûte que coûte arrêter ce commencement de révolte, et le sous-officier serbe qui commande le détachement n'y parvient qu'en fusillant séance tenante les deux plus redoutables de ces malheureux affolés. Horrible, n'est-ce pas? Et, comme dit une vieille chanson de Nadaud :

Ah! que maudite soit la guerre
Qui fait faire de ces coups-là!

Mais ce pénible incident est vite oublié. L'escadrille défile entre les rangs des navires alliés qui applaudissent, range à honneur le *Marceau* d'où elle est acclamée, et les Serbes sont tout à la joie de se voir au port, et surtout de ramener avec eux les canons dont le sauvetage leur a coûté tant de maux. Car ce à quoi tiennent par-dessus tout ces soldats-nés, ce sont leurs armes, ces armes prises pour la plus juste des causes, et jamais rendues à l'ennemi.

XXIV

A DURAZZO

San Giovanni di Medua ayant été occupé par les Autrichiens le 25 janvier 1916, il s'agissait de mettre à profit les quelques jours pendant lesquels on pourrait arrêter l'ennemi au passage des différentes rivières qu'il allait avoir à franchir, Matja, Ismi et Arzen, pour sauver le gros de l'armée serbe qui se trouvait concentré à Durazzo, avec le prince Alexandre.

Durazzo est une vieille cité albanaise, moitié musulmane et moitié chrétienne, bâtie sur les pentes du promontoire qui ferme, vers le nord, une vaste baie, aux eaux trop peu profondes pour les grands navires. Environ six mille habitants. On la reconnaît de loin à la tour en briques rouges de son ancien château romain, souvenir du temps où elle servait de relais au commerce entre la Grèce et l'Italie. De près, un pittoresque fouillis de maisons plus ou moins curieuses, de verdure et de minarets tout blancs. Des lagunes l'entourent, au delà desquelles s'arrondit, au sud, un vaste cercle de rives basses et sablonneuses, s'exhaussant par larges degrés jusqu'aux derniers contreforts des Alpes albanaises, en ce moment couronnées de neige. Tout ce que l'on y embarque ou débarque doit être porté sur des mahonnes, dont la mer rend parfois la circulation des plus difficiles.

Dès que les Autrichiens comprirent que Durazzo deviendrait le principal centre d'évacuation des Serbes, ils dirigèrent contre son port l'attaque précédemment racontée. Mais son insuccès leur enleva toute envie de recommencer. Ils se bornèrent dès lors à des raids d'aéroplanes et de submersibles qui gênèrent constamment nos opérations, sans toutefois occasionner de catastrophe. Chance ou bien jouer, aucun navire portant des troupes ne fut jamais atteint.

Voici le bilan des principales rencontres qui se sont produites entre nos unités et celles de l'ennemi, depuis le début des transports serbes jusqu'à la date du 9 février, où Durazzo dut être abandonné :

13 janvier. Notre sous-marin *Foucault* (commandé par le lieutenant de vaisseau Lemaresquier), de faction devant Cattaro, lance trois torpilles sur un croiseur autrichien du type *Helgoland*, qui en sort, et lui fait des avaries.

Le 21, les rôles sont renversés. Notre torpilleur *Commandant Rivière* (lieutenant de vaisseau Frochot) est inutilement attaqué par un submersible ennemi.

Nous avons relaté ci-dessus la tentative de torpillage à laquelle la *Marie-Rose* (chalutier commandé par l'enseigne de vaisseau Augé) échappe le 29 janvier.

4 février, le transport italien *Assiria* est torpillé sans succès.

Le 6, le *Liverpool* (croiseur anglais) et le *Bronzetti* (destroyer italien) donnent la chasse à un contre-torpilleur austro-hongrois qui se réfugie dans les Bouches de Cattaro.

Le lendemain 7, dans les parages du cap Pali (juste au nord de Durazzo), le *Weymouth* (croiseur anglais) et le *Bouclier* (français) sont visés par un sous-marin qui manque le premier et que le second poursuit en vain.

Le 8, le *Miquelon*, un de nos chalutiers (premier maître Frederuecci) se rendait avec deux autres de Valona à Durazzo quand, à 7 heures du matin, les hommes de veille signalent le sillage d'une torpille qui manque le but. Quelques minutes plus tard, l'ennemi en lance une seconde, et, pour ce faire, est obligé de montrer son périscope, sur lequel on tire aussitôt. Deux contre-torpilleurs italiens et la *Faulx* (lieutenant de vaisseau de Parseval) accourent de Valona, cherchent le submersible, le découvrent et le canonnent. Vers 9 heures, le *Miquelon*, ayant continué sa route, trouve une torpille morte et amène une embarcation pour la repêcher (elle valait plusieurs milliers de francs et pouvait resservir). Le même sous-marin, ou un autre, émerge à ce moment par tribord devant du petit *Miquelon* qui, derechef, ouvre le feu. Le submersible replonge. La *Faulx* s'élance sur ses traces, le poursuit à coups de grenades, avec tout lieu de croire qu'elle l'a détruit.

Telle était la physionomie de ces passes rapides, pas toujours suivies d'effets appréciables, mais dans lesquelles les deux adversaires risquaient chaque fois de sauter du coup, avec noyade en masse de tout l'équipage, taux actuel du moindre combat naval.

XXV

MINES, TORPILLES ET BOMBES

Nos seules pertes furent celles du *Jean Bart* et du *Memphis*.

Commandé par le second maître Bocage, le petit chalutier *Jean Bart* était parti de Valona le 1er février, avec le *Miquelon* et le *Petrel II*, pour aller prendre des Serbes à Durazzo. Le lendemain matin, à 4 milles dans l'ouest du cap Laghi (pointe méridionale de la baie de Durazzo), ses deux conserves le virent tout d'un coup s'envelopper d'un voile de fumée noire, pencher sur bâbord et sancir par l'arrière. Tout cela en moins de trois minutes. Il venait d'être torpillé, et seulement cinq hommes de l'équipage (sur vingt-trois) purent être recueillis. L'un d'eux, le matelot Stéphan, un Ouessantin, c'est-à-dire ce qu'il y a de plus marin au monde, avait vu le périscope et partir l'engin. Pendant que son bateau coulait, il grimpa le long du mât et fut entraîné assez profondément pour que les oreilles lui saignassent. Péniblement remonté, il parvint à rassembler quelques panneaux de cale qui flottaient, les attacha avec ses vêtements et en fit une sorte de radeau sur lequel il recueillit un camarade et un zouave. Ayant vu l'explosion du bout de l'horizon, des chalutiers anglais accourent, prennent l'épave pour un kiosque de submersible et se mettent à tirer dessus, de sorte que voilà nos rescapés obligés de se rejeter à l'eau pour éviter les projectiles. Les Anglais reconnurent alors leur erreur et vinrent ramasser les trois pauvres diables qui purent se vanter d'être vraiment revenus de loin.

C'est le 15 février, à l'ouest du chenal de Durazzo, que se perdit le *Memphis*, en sautant sur une mine, comme on ne l'a su que plus tard, d'après l'examen d'éclats trouvés dans la coque. Fort heureusement, le navire rentrait à vide, et presque tout l'équipage fut sauvé (49 hommes sur 54), grâce au courageux dévouement du *Petrel II* (enseigne de vaisseau Couillaud) et du torpilleur *Commandant Bory* (lieutenant de vaisseau Carrel). Le sang-froid du commandant du *Memphis*, le capitaine au long cours Carré, cité à l'ordre de l'armée, avait du reste empêché la catastrophe de devenir un désastre total. Quoique la violence de l'explosion eût déplacé les chaudières, coupé les tuyaux de vapeur et brisé la plupart des embarcations, il sut éviter la panique et maintenir son bâtiment à flot assez longtemps pour venir l'échouer en rade de Durazzo.

A la menace perpétuellement tendue sous l'eau s'ajoutaient les visites d'aéroplanes. Les premiers étaient apparus sur Durazzo le 13 janvier. Malgré les efforts et l'ingéniosité des batteries italiennes installées pour les combattre, on les vit revenir de plus en plus souvent, les 14, 17, 25 et 26 janvier, puis tous les jours. Ils firent de nombreuses victimes à terre, mais, par bonheur, ne touchèrent jamais aucun bateau. Leur intervention obligea seulement à ne plus opérer que la nuit, en dépit de la mauvaise saison et des continuels coups de vent. Et tout cela aggravait l'instinctive épouvante que les Serbes éprouvaient pour la mer. Car si des marins peuvent s'improviser soldats du jour au lendemain et tenir sous la mitraille aussi ferme que n'importe quelles vieilles troupes, comme les nôtres l'ont immortellement montré à Dixmude, il faut une trempe toute spéciale à qui veut affronter le plus traître des éléments. Mais, ainsi que nous l'avons dit plus haut, la noble résolution prise par le prince Alexandre de ne partir que le dernier suffit à ramener la confiance et la résignation parmi ses inébranlables vétérans.

XXVI

« AIDÉ BRZO » (1)

Pendant que l'armée serbe du Timok contenait Bulgares et Autrichiens au delà de l'Arzen, un contingent italien avait organisé la défense au nord et à l'est de Durazzo. Il fallait cependant se hâter.

Or, Durazzo ne possédait qu'un seul et unique appontement en bois, et c'était un des points que les avions ennemis visaient avec le plus d'obstination, sans avoir d'ailleurs jamais réussi à l'atteindre. De là, pour conduire des milliers d'hommes à bord des bâtiments de transport, il n'y avait que douze méchantes barques, deux mahonnes, un trabacolo (sorte de caboteur encore plus petit que la mahonne), une antique goëlette et un remorqueur. Sur la demande de la commission internationale d'embarquement (présidée par le lieutenant-colonel français Collardet), on envoya de Brindisi un remorqueur français et deux italiens, de Corfou le remor-

(1) Expression serbe qui signifie : « se dépêcher, faire vite ».

queur *Audacieux* et des barcasses, sous le commandement du lieutenant de vaisseau Bonnel.

L'*Audacieux!* une vieille hourque de mon temps que l'on avait expédiée à Malte pour commencer et qui, suivant les besoins de la marine, avait ensuite valsé de Malte à Moudros, de Seddul-Bahr à Milo et de Salonique à Corfou. Elle cachait dans ses soutes tout un arsenal de fusils des plus dissemblables, ramassés sur des bâtiments turcs coulés en Asie Mineure. L'équipage était composé de Mocos, — ainsi que, dans la marine, on appelle familièrement ceux de Toulon, — avec un patron de Dunkerque (le second maître Gossin). Il possédait une mascotte, sous la forme d'une colombe apprivoisée, toute blanche quand elle était venue chercher refuge à bord, mais que la fréquentation des soutes à charbon et de la machine avait muée en corneille. En la perdant, les hommes auraient cru leur dernière heure arrivée. Mais la colombe demeura et l'*Audacieux* ne faillit jamais à son nom.

En même temps que nos alliés, le commandant de Cacqueray et l'amiral de Gueydon s'employèrent de tous leurs moyens à presser le mouvement. Le premier, en doublant l'activité de sa flottille, donnant ordre à chacun de faire concourir ses embarcations aux transports sur rade de Durazzo, quels qu'en fussent les risques. Le second, par l'envoi de tous les bâtiments qu'il était possible d'y détacher sans compromettre la sécurité des convois. Chalutiers, dragueurs et arraisonneurs aidèrent à l'évacuation, dont le courant se fit de plus en plus rapide. En dernier lieu, le *Carabinier*, commandé par le capitaine de frégate de Meynard, vint encore activer le mouvement.

Et c'est avec d'aussi pauvres ressources que l'on parvint à embarquer 72000 Serbes, 2000 Monténégrins et 3000 réfugiés divers, dans l'état que l'on sait. Nous allons maintenant essayer de donner un aperçu de la façon dont on procédait.

XXVII

ENCORE LES CHALUTIERS

« Ayant pris un chargement de briquettes à Brindisi, je repars pour Durazzo le 31 janvier à 5 heures du soir, remorquant une grande *launch* à pétrole (journal du commandant de la *Marie-Rose*, dont c'était le troisième voyage depuis le 25 janvier, où nous l'avons vu quitter Médua avec le *Petrel II*, ramenant le dernier détachement et le reste de l'artillerie serbe). Je viens accoster le s. s. grec *Michael*, que les Autrichiens ont coulé par petits fonds, et qui sert de parc à charbon. Commencé aussitôt notre déchargement. Dans la soirée, le vapeur italien *Roma* vient s'amarrer de l'autre côté du ponton. A terre, l'animation est grande. Le wharf étroit fourmille de soldats serbes, les uns employés au déchargement des chalands (qui apportent des vivres), les autres prenant passage sur tout ce qui peut flotter, embarcations, caïques, radeaux, etc., afin d'être conduits à bord des navires qui doivent les transporter à Valona. Deux fois par jour, les musiciens d'Essad pacha font retentir de leurs airs sauvages et aigrelets la grande caserne qui servit de palais au prince de Wied.

» Le 1er février, à 8 heures, sirènes et canons annoncent des avions ennemis. Ils sont trois. Ils arrivent au-dessus de Durazzo, malgré les tirs de barrage exécutés par les deux canons antiaériens que les Italiens ont établis au sommet de la colline dominant la ville. Ils survolent la rade, et viennent droit sur le groupe que nous formons avec la *Roma* et le *Michael*. Nous faisons feu de tous nos fusils, n'ayant pas mieux, mais sans résultat apparent. Posément, l'un après l'autre, les avions se placent et visent : un point blanc s'en détache, telle une goutte d'eau, et tombe en grossissant très vite. Sifflement suivi d'une détonation formidable, Une gerbe d'eau jaillit à vingt mètres du bord. s'élève et retombe. Puis les avions, qui se tiennent à douze ou quinze cents mètres de hauteur, décrivent un cercle et nous reviennent dessus. Cette fois, explosion à quinze mètres de la *Roma*. Un dernier coup d'œil pour voir disparaître les grands oiseaux de proie qui étincellent dans le ciel bleu, et le travail reprend. A midi, nouvelle attaque, mais dirigée contre le wharf.

» La note comique de la journée a été fournie par l'équipage d'un affrété (pas français) qui, dès le signal d'alarme, avait filé à terre, et ne revint que quand tout fut terminé, accueilli par les rires un peu gouailleurs de mon équipage. Le charbon étant fini à 2 heures, les embarcations du bord vont prendre des Serbes. A 6 heures, j'en avais trois cent dix, entassés dans tous les coins. Nous partons à minuit, en convoi, avec trois vapeurs français et italiens. Nos passagers à nous sont pour la plupart des hommes âgés, moralement et encore plus physiquement exténués. Au petit jour, l'homme de veille grimpe dans la barrique en haut de la mâture. Sur le gaillard, on arme la pièce de 47 et tout le monde cherche l'ennemi. Sur le coup de 10 heures nous arrivons à la pointe Linghetta (entrée de la baie de Valona) où cesse le danger, les sous-marins n'osant pas se risquer dans ces parages où il y a trop de *drifters* et de torpilleurs. Deux avions bombardent Valona, entourés par les petits flocons blancs des shrapnells tirés par les batteries anti-aériennes. Ils se précipitent vers le large. Mais l'un d'eux est blessé et tombe à la mer. L'autre se pose près de lui, prend les deux aviateurs et échappe aux torpilleurs qui le poursuivent. A 11 h. 30, je passais nos Serbes à la *Lorraine II.* »

Hélas! beaucoup des évacués mouraient en route, d'épuisement, de blessures mal soignées ou de ces maladies infectieuses qui s'abattent sur les armées par trop éprouvées. Mais, grâce au dévouement surhumain de tous, le déménagement allait bon train. Ce que je raconte de la *Marie-Rose* serait en effet l'histoire de chacun de nos navires, grands et petits, si je pouvais les montrer, les uns après les autres, faisant imperturbablement leur navette de sauvetage, sans jamais s'interrompre, quels que fussent le temps, les dangers, les avaries ou la fatigue. Grâce à quoi de quatre à cinq mille Serbes étaient embarqués journellement, et il y en avait presque autant qui gagnaient Valona par terre, les plus valides bien entendu. Sans compter l'artillerie, les chevaux, les impedimenta de toute sorte, les réfugiés et le bétail. Un véritable exode qui s'accomplissait en plein hiver, sous une pluie glaciale, dans la bousculade la plus terrible et malgré les sanglantes alertes causées par les avions. Il ne faut pas oublier non plus que, en outre du formidable coup de collier à donner, ainsi que de la menace incessante de sauter sur une mine, ou de recevoir une torpille — ce qui demande des nerfs d'une solidité à toute épreuve —, nos marins couraient la chance d'attraper le choléra ou le typhus, danger devant lequel j'ai vu reculer les plus braves. Et nombreux en furent les victimes parmi les nôtres, quoique la seule allusion qu'y fassent leurs journaux soit pour mentionner les désinfections pratiquées. On peut dire que jamais besogne aussi accablante et pressée ne fut accomplie de plus grand cœur.

Bref, le 9 février, quand les Autrichiens entrèrent à Durazzo, il n'y restait plus personne, à l'exception des mercantis que la tentation d'exploiter les malheureux Serbes jusqu'au bout y avait retenus. Car les hideuses convoitises du lucre et du pillage sont parfois d'aussi puissants ressorts que les plus nobles sentiments, et c'est pourquoi Apaches et Boches se battent si bien, tant qu'ils sont soutenus par l'espoir de quelque bonne rafle à opérer.

45 milles, que formait une double ligne de *drifters* et de chalutiers, espacés de Corfou au cap Linghetta, seuil de Valona.

Le premier de nos transports à y mouiller fut la *Savoie II*, grand transatlantique armé en croiseur auxiliaire. Placé sous le commandement du capitaine de frégate Tourrette (1), il était parti de Gallipoli (Italie) le 12 janvier, escorté par le torpilleur italien *Partenope*. Mais, à Santa Maria di Leuca (talon de la botte), le vent ayant passé au grand frais, celui-ci dut renoncer à suivre, et la *Savoie II* arrivait seule à Valona pour se ranger sous les ordres du très distingué contre-amiral Capomazza, aide de camp de S. M. le roi d'Italie et commandant la 3e escadre de nos alliés, ayant son pavillon sur le croiseur *Vittore Pisani*.

Le 28 entraient sur rade *Assiria*, *Barletta* et *Spiro*, cargos italiens, portant deux mille Serbes que la *Savoie II* allait mener à Corfou. Avec huit grandes embarcations, la vedette et le *white* (sorte de canot à vapeur), l'enseigne de vaisseau Rosenard va les chercher. « A peine la coupée de l'*Assiria* est-elle amenée que je grimpe à bord, raconte-t-il. En haut se tient le général Goïkovitch, commandant l'armée du Timok. Un grand vieillard que les souffrances de la retraite ont achevé d'épuiser,

(1) La *Savoie II* et son commandant sont de vieilles connaissances pour mes lecteurs. qui les ont vus, aussi brillants l'un que l'autre, prendre part à l'attaque de Koum-Kaleh (Voir *Nos marins à la guerre*, p. 147).

XXVIII

LE DERNIER RELAIS

Sans bruit, dès fin décembre 1915, les Italiens s'étaient installés à Valona. Ils fortifièrent leurs abords et furent bientôt en mesure d'y offrir un sûr abri, tant aux paquebots qui, trop grands pour mouiller à Durazzo, venaient charger là ce qu'apportaient les chalutiers, qu'aux Serbes arrivant à pied, après avoir franchi les cent kilomètres de la dernière étape. Car, de Valona, on s'embarquait directement pour Corfou.

Plus vaste et presque aussi bien protégée que celle de Brest, la rade de Valona est fermée au sud par une presqu'île accore, et couverte du côté de l'ouest par l'île Saseno, deux points qui avaient été immédiatement garnis de batteries. Il n'y a guère qu'au nord qu'elle soit ouverte aux attaques, sur la largeur de 4 milles qui sépare Saseno des petits fonds régnant au large du cap Treporti. Mais rien de plus facile que de couvrir une pareille étendue au moyen de filets et de patrouilleurs. Quant à la route de Corfou, elle s'effectuait, aller et retour, à l'intérieur d'un couloir de sécurité, long d'environ car, malgré la flamme des yeux, on lit sur sa figure sillonnée de rides toutes les privations et toutes les misères endurées. Quelques ordres brefs, et ce qui fut le brillant état-major d'une valeureuse armée embarque. Puis je m'engouffre dans les faux-ponts, et devant moi s'offre le plus pitoyable des tableaux. Il faudrait un Callot pour fixer éternellement par la gravure cette horde famélique. Entassés les uns contre les autres, joues creuses, yeux éteints, vêtus de loques innommables et couverts de vermine, ils n'ont qu'un souci, rester étendus. De cet immense charnier montent des relents de pourriture qui vous prennent à la gorge (au point que des cas d'évanouissement se produiront un peu partout, dans le personnel chargé du transport et de l'installation des Serbes). Mais nos hommes n'ont pas un geste de dégoût. Ensemble, nous trions ces débris humains, nous les prenons par la taille pour leur faire monter les échelles à pic, et descendre ensuite jusqu'en bas de la coupée où patrons et brigadiers des embarcations les reçoivent et les arriment sans un mouvement brusque — en douceur.

» Debout sur la coupée, j'assiste au lamentable défilé :

» Aïdé brzo ! ce sont d'abord les vieillards qui n'ont pas voulu rester aux mains de l'envahisseur. Réduits à rien, plusieurs succomberont pendant la traversée.

» Aïdé brzo ! Les jeunes maintenant, les tout

jeunes conscrits : les « bleuets » de là-bas. Quelques-uns n'ont plus que la capote ou le calot, et les veines de leur cou, gonflées, ressortent sur la peau collée aux os. Pas de fourniment, pas d'armes.

» Aïdé brzo ! Voici enfin ceux qui se battent depuis trois ans, ceux qui ont traversé les cimes de l'Albanie avec un biscuit pour deux jours, en buvant la neige à poignée. Les pantalons troués laissent apercevoir des plaques de chair mortifiées. Des chaussures claquées sortent des doigts recroquevillés par le froid. Quelques-uns ont la tête bandée, parce que hier, pendant qu'ils s'embarquaient à Durazzo, un taube a laissé tomber une dizaine de bombes sur eux. Ils ont tout jeté, tout abandonné, couvertures, havresacs et musettes, tout sauf le fusil et les cartouches qu'ils conservent jalousement. »

XXIX

QUELQUES SILHOUETTES DE PASSAGERS

« C'est un volontaire, presque un vieillard. Après les sanglantes guerres balkaniques, il s'était installé à Nisch, où il exerçait la paisible profession de cordonnier. Survient la guerre européenne, puis l'invasion. Son foyer détruit, sa femme et ses enfants massacrés par l'ennemi, il s'engage pour les venger. Quoique blessé à la poitrine, il endura toutes les fatigues et toutes les souffrances de la longue retraite. Épuisé et chancelant, il arrive à Valona et embarque sur la *Savoie II*. Mais, malgré les soins les plus dévoués et les réconfortants les plus énergiques, ses forces le trahissent. Il sent que c'est la fin. Alors, enlevant son pansement, il plonge l'index dans la plaie, le retire plein de sang, et, saisissant son fusil, vieille arme des temps héroïques, il trace sur la crosse : « Mort aux Bulgares » et expire quelques instants plus tard. » (Récit du docteur Bouquet, médecin-major de la *Savoie II*.)

« Nos Serbes se sont casés sans bruit et dévorent le premier repas chaud qu'ils aient avalé depuis bien des semaines. Un d'entre eux erre dans une coursive presque déserte. Repu, il passe dédaigneusement devant les cuisines en pleine activité. Mais le voici devant la boulangerie, et il s'arrête bouche bée, les yeux brillants, extasié : du pain frais ! (Ce jour-là, nous n'avions pu leur donner que du biscuit.) Après un moment d'hésitation, il sort de sa musette une poignée de farine, la pétrit avec un peu d'eau qui coule sur le pont, se relève, puis, timidement, tend au boulanger attendri une galette informe. Un officier serbe veut s'interposer, mais je le prie de n'en rien faire : « Vous êtes si « bons, si délicats, vous autres Français, me dit-il, « que nous avons toujours peur de voir les êtres « rudes que sont nos soldats vous blesser sans s'en « douter. » Nous blesser? nous émouvoir jusqu'aux larmes, oui ! » (Enseigne de vaisseau Perrin.)

« La distribution des repas se fait dans un recueillement profond. Celui des Serbes qui partage le pain pour ses camarades n'engage le couteau qu'après avoir pris plusieurs fois ses mesures afin de bien égaliser les portions. Il est d'ailleurs surveillé par ses copartageants. Notre matériel étant insuffisant pour servir tout le monde en même temps, on commence par les groupes de l'avant, ceux de l'arrière venant ensuite. Mais certains de ces pauvres affamés se sont aperçus de la chose : ils mangent d'abord devant, puis se dépêchent de passer derrière, si bien que le maître coq se voit complètement dérouté dans ses calculs. Après avoir distribué le nombre de rations correspondant à l'effectif embarqué, il est obligé de remplir à nouveau ses marmites pour fournir plusieurs centaines de clients peu débrouillards dont la part a été mangée par les autres. Ce n'est plus que des moitiés d'hommes — disait un de nos loustics — et ça bouffe comme quatre. Lorsqu'il s'agit de débarquer le soir, à Corfou, personne ne voulut bouger, tous faisant semblant de ne pas comprendre. Surpris de cette attitude tout à fait exceptionnelle chez ces hommes d'une discipline parfaite, j'eus vite le mot de l'énigme. Ayant apprécié la cuisine du bord, ils désiraient tout simplement prendre leur repas du soir avant de descendre. Je fis devancer pour eux l'heure de la soupe, et, quand ils apprirent qu'ils seraient servis dans les embarcations, oh ! alors ! plus aucune hésitation à s'embarquer. » (Lieutenant de vaisseau Bringuier.)

« Pendant que nous débarquions notre contingent à Corfou, j'activais le mouvement, lorsque, tout d'un coup, j'entends des cris derrière moi. Un grand diable, décharné et loqueteux, est cause du bruit. En outre de son fourniment et de son fusil, il a sur l'épaule un sac d'un poids visiblement trop lourd pour lui et, de plus, horriblement encombrant, dont on veut le débarrasser. Mais il refuse énergiquement de s'en séparer. Intrigué par la forme du paquet, je m'adresse à l'officier serbe qui nous sert d'interprète afin d'en connaître le contenu. Or, ce que le malheureux charriait ainsi, c'était une mitrailleuse autrichienne qu'il avait conquise de haute lutte. Trophée sans prix pour cet obscur héros, il l'avait portée pendant les 800 kilomètres de la retraite, au milieu des neiges et des précipices de l'Albanie, et rien au monde n'aurait pu lui faire abandonner sa mitrailleuse. » (Enseigne de vaisseau Le Baron.)

XXX

INTERMÈDES D'AVIONS

« Nous avions déjà transporté une dizaine de milliers de Serbes, et, ce matin-là, 2 février, nous attendions à Valona un nouveau convoi que les chalutiers nous amenaient de Durazzo. Nous sommes mouillés assez au large, de façon à franchir plus vite les barrages. Entre nous et la terre, au delà de la division des croiseurs italiens, une douzaine de cargos déchargent de quoi ravitailler les troupes italiennes, dont les tentes parsèment les collines environnantes.

» 9 heures. Le *Verdon* (français) et le *Barletta* (italien) sont signalés. Le second laisse tomber l'ancre à environ 200 mètres de nous, tandis que le premier s'amarre à couple par le travers de notre coupée bâbord. La veine, qui m'a toujours généreusement octroyé les meilleures corvées pendant l'évacuation, me désigne encore aujourd'hui pour aller diriger le déchargement du *Barletta*. Je ne le regretterai pas, car la matinée va être mouvementée, et je me trouverai aux premières loges pour tout bien voir.

» A 9 h. 30, quelques salves rapides partent d'un croiseur italien. Je suppose que, comme nous la veille, il profite du mouillage pour faire un tir au canon. Un bruit insolite : je me dérange encore moins, car les hydravions italiens prennent leur essor chaque matin. Mais les soldats serbes, qui n'ont rien à surveiller que le ciel, me désignent du doigt deux grosses taches qui viennent vers nous, et crient : Austriacco ! Austriacco !

» En même temps, j'entends le clairon de la *Savoie II* rappeler aux postes de veille. C'est la première fois que je vais assister à un bombardement par avions, et, tout en continuant à charger nos embarcations, je risque un regard vers le ciel menaçant. Ils sont deux. Ils grossissent et nous surplombent maintenant. On entend le vrombrissement des machines et les cocardes autrichiennes, rouges et blanches, se laissent distinctement reconnaître. Sur la passerelle supérieure de notre croiseur, le commandant Tourrette a pris la direction de la défense. Sur la plage arrière, l'officier canonnier transmet les dérives (indication de pointage) et les secondes de débouchage (des fusées des obus), sans perdre des yeux les points d'éclatement de nos 47. Soudain une immense gerbe d'eau jaillit à une dizaine de mètres sur l'arrière de la *Savoie II*, entre elle et nous, puis une autre, à une demi-longueur de navire par tribord devant, puis une troisième, une quatrième... Il n'y a pas d'erreur, c'est bien sur le groupe *Savoie II*-

Verdon que le bombardement est dirigé. Belle cible et bonne aubaine : un de nos plus grands transats, armé en guerre et chargé de troupes serbes, quel communiqué ça ferait !

» Personne n'a bronché. Le second maître Riou débouche toujours, aussi calme qu'à l'exercice. Le pointeur Bragard suit l'avion du bout de son guidon, les armements manœuvrent avec le plus grand calme et les shrapnells éclatent, environnant l'aéro. Je marque les coups. Pan ! trop bas. Pan ! Pan ! Un peu à droite. Pan ! Pan ! Pan ! trop à gauche. Vlan ! cette fois ça y est, il a du plomb dans l'aile, il vacille... Mais non, on doit l'avoir manqué, car il continue son vol...

» L'autre, devant le danger, a obliqué vers la terre. Plus tard, nous apprendrons qu'il a jeté des bombes sur le wharf ainsi que sur les cantonnements italiens. Et maintenant, tous deux, le cap au nord-ouest, piquent vers le large.

» L'embarquement étant terminé à midi, je regagne la *Savoie II*, où les commentaires allaient encore leur train sur le peu de chances que l'on avait d'abattre des avions avec des appareils aussi rudimentaires que les nôtres, quand le timonier de veille signale un torpilleur italien qui entre en rade, remorquant un avion autrichien. La question était résolue, et il ne nous restait plus qu'à féliciter notre officier canonnier (l'enseigne de vaisseau Perrin), dont le sang-froid et le jugement avaient suppléé aux défauts d'un matériel désuet et trop souvent inefficace. Depuis, la *Savoie II* a reçu, pour lutter contre les aéros, des appareils de pointage du dernier modèle : espérons que nous aurons l'occasion de nous en servir. » (Enseigne de vaisseau Rosenard.)

Ajoutons que l'amiral italien Capomazza se trouvait en visite à bord du vaisseau français, lorsque l'attaque eut lieu. Il s'embarqua aussitôt dans sa vedette et à peine était-il débordé qu'une bombe éclatait sur l'avant de l'embarcation.

XXXI

TYPHUS, CHOLÉRA ET AUTRES INCIDENTS

Embarquements et débarquements journaliers, traversées sur un qui-vive perpétuel, mouillages où il pleuvait des bombes d'avions, désinfections, corvées de charbon, d'eau, de vivres, etc., on voit d'ici le surmenage effroyable qu'entraînait un pareil métier.

Dans l'espace de cinq voyages effectués coup sur coup, la *Lorraine II*, un autre de nos grands transatlantiques (commandé par le lieutenant de vaisseau Maurras), avait transporté 21 700 Serbes. « Nous pensions à ce moment goûter un peu de repos — écrit l'enseigne de vaisseau Crouan — quand une calamité vint s'abattre sur nous. En dépit de toutes les précautions prises, douze cas de typhus éclatèrent à bord et deux de nos hommes payèrent de leur vie le courage et l'abnégation qu'ils avaient déployés, en prenant bien souvent dans leurs bras les plus malades des malheureux que nous avions le bonheur de secourir. Les autres furent laissés dans les hôpitaux de Corfou et de Bizerte, et nous eûmes plus tard la satisfaction d'apprendre qu'ils avaient été sauvés. »

Le *Sinaï*, commandé par l'enseigne de vaisseau Cauchois, avait mené à Asinara (Sardaigne) des prisonniers autrichiens parmi lesquels sévissait le choléra, et avait dû brûler jusqu'au pavillon national ayant servi à enterrer ceux de son équipage qui avaient succombé au terrible fléau. Désinfecté à fond, il revenait le 6 février à Durazzo pour chercher des Serbes. « Gêné par son tirant d'eau, le navire est obligé de mouiller assez loin de terre (journal du commandant). Néanmoins, on distingue assez bien la ville entamée par les bombes, et les longues théories de Serbes à pied et à cheval circulant lentement sur les routes. Des canons nous sont amenés d'abord, plus ou moins bien arrimés dans des barques. Les artilleurs serbes, qui ont de bonnes faces de grognards, poilues et impassibles, nous apportent leurs pièces, pleins de soins et de prévenances pour ce matériel glorieux et déchiqueté, précieux parce qu'il revient de la tourmente invaincu et arrosé de leur sang. Le lendemain matin, arrêt, pendant que des aéroplanes autrichiens viennent canarder la ville et la rade. Ils sont quatre et laissent en passant tomber des bombes qui éclatent avec un fracas terrible, projetant à terre de hautes colonnes de débris et de fumée. Chacun répond suivant ses moyens et nous assistons à un véritable feu d'artifice. Il semble que nous allons voir jaillir des fleurs et des poissons en baudruche, comme dans certaines fêtes au Japon, mais le sifflement des projectiles nous rappelle à la réalité. Ça recommence le lendemain à la même heure, et presque simultanément des sous-marins ennemis attaquent très près des barrages un cargo qui court en tous sens, comme un bœuf taquiné par des mouches. Promptement, les patrouilleurs et chalutiers français le délivrent à coups de canon... A 11 heures du soir, les Serbes arrivent en coup de vent, dans des chalands plats où l'eau embarque. Leurs vêtements sont râpés, mais sans une déchirure. Ils serrent précieusement leurs armes, ils ont les poches pleines de cartouches et des grenades en bandoulière. En montant à bord, chacun d'eux est aussitôt débarrassé des bombes par trop dangereuses et reçoit à la place une boîte d'endaubage et dix biscuits qu'on lui passe en vitesse, avec une bourrade amicale pour presser le mouvement...

» Or, voilà que nous remarquons deux visages imberbes et beaucoup plus fins que les autres, sous des bonnets de police ayant peine à dissimuler d'épaisses chevelures blondes. Ce sont deux femmes qui cherchent à filer inaperçues. Reconnues, elles s'arrêtent toutes décontenancées et un peu inquiètes. L'une d elles est suivie par un enfant, un tout petit soldat pas plus haut que son fusil. Elles ont fait toute la retraite et suivi leurs maris qui sont à bord. On leur donne une cabine, afin qu'elles puissent reposer à leur aise, et elles s'en vont joyeuses, regardant partout avec la curiosité de leur sexe... »

Mentionnons enfin la descente d'un avion autrichien à Valona par le chalutier *Ginette*, qui devait sauter sur une mine, quelques semaines plus tard, à l'entrée même de Corfou.

XXXII

TOUT EST BIEN QUI FINIT BIEN

A la date du 27 février, le transport des Serbes était un fait accompli. Il y en avait 140 000 à Corfou et 13 000 à Bizerte, le reste réparti dans différents hôpitaux ou sanatoriums de Provence ou d'Algérie, chiffres auxquels il convient d'ajouter environ 12 000 évacués de la population civile. Malgré leurs avantages, les Autrichiens n'avaient pas pu nous empêcher d'atteindre le but poursuivi. A terre, la fatigue de leurs troupes et la jalousie que leur inspiraient les Bulgares, dont ils ne voulaient à aucun prix voir les troupes déboucher sur l'Adriatique, avaient paralysé leurs mouvements. En mer, la flotte ennemie ne montra aucun mordant, ne tentant plus aucun raid après celui qui avait abouti au bombardement de Durazzo, le 29 décembre. Il n'y a que les avions autrichiens dont les vols obtinrent des résultats, mais sans parvenir à retarder l'embarquement d'une façon sensible. « En résumé — dit le commandant de Cacqueray — le manque de vigueur des Autrichiens, et l'absence de liaison entre leurs opérations de terre et de mer, sous-marines et aériennes, a facilité notre réussite et nous a permis de sauver l'armée serbe, malgré des difficultés énormes qui n'ont été surmontées, en grande partie du moins, que grâce à l'activité, au courage et au dévouement de nos marins de l'État et du commerce. »

Il convient d'ajouter que nous n'étions pas seuls à tenter cet émouvant et pénible sauvetage. Et si je me suis constamment abstenu d'indiquer la part qu'y ont prise nos alliés, hormis le cas où leur action se trouvait trop intimement liée à la nôtre pour qu'il fût possible de la passer sous silence, c'est parce qu'il n'appartient qu'à eux de faire connaître le rôle joué par leurs marins dans l'œuvre immense que j'ai essayé de retracer. Car nous laisserions au lecteur une idée très incomplète de la manière dont les choses se sont passées en n'ajoutant pas ici que, les tiraillements du début une fois oubliés, et compte tenu des susceptibilités de chacun, Anglais et Italiens ont collaboré de tout leur pouvoir au succès du plan généreusement conçu par la France et qui ne pouvait être réalisé que moyennant le concours de tous. Jusqu'au point où nous en sommes arrivés du moins. Parce que, dans le dernier acte de ce drame épique, qui va se dérouler entre Corfou et Salonique, ce sont presque uniquement nos marins et la mission militaire française que nous verrons à l'œuvre.

XXXIII

DE VALONA A CORFOU

Les Italiens avaient occupé Valona dès avant leur déclaration de guerre à l'Autriche. Ils s'occupèrent aussitôt de pourvoir à la défense d'une position dont les anciens possesseurs turcs avaient complètement négligé l'importance. Avec Brindisi, nos alliés tenaient désormais les deux rives du canal d'Otrante et devenaient ainsi les maîtres de la basse Adriatique, où personne ne pouvait plus pénétrer sans leur agrément, non plus qu'en sortir.

La ville de Valona, qui compte de cinq à six mille âmes, se trouve à 2 kilomètres du débarcadère et, de la rade, on voit poindre ses minarets et les terrasses des maisons par-dessus les jardins qui les entourent. Depuis l'arrivée des Serbes, c'était un grouillement aussi varié que pittoresque, où les uniformes sévères de l'armée en retraite contrastaient avec les costumes bigarrés des habitants, Albanais et Grecs, dont les femmes portent des sortes de jupes-culottes surmontées de corsages en forme de boléro, les hommes un pantalon serré aux genoux, évasé du bas, et une veste très courte, ayant des pompons de laine aux épaules : tels des quadrilles de toreros, mais habillés au rabais.

Les troupes qui avaient pu marcher jusqu'à Valona se trouvaient naturellement en meilleur état que celles de Durazzo. Plusieurs régiments avaient même fait leur entrée musique en tête. Bien encadrés et commandés, ils devaient fournir les éléments d'une réorganisation rapide. Presque toute la cavalerie en était. Devant ou derrière ses fiers escadrons se pressaient des troupeaux de bœufs, aux cornes immenses et au garrot bombé comme celui des bisons, évoquant le souvenir des pampas de l'Amérique du Sud.

Très unis entre eux, les soldats serbes s'aidaient les uns les autres, les valides portant les malades, le paralytique guidant l'aveugle. Ils montraient surtout un véritable fétichisme pour leur matériel de guerre : fusils, canons, mitrailleuses, caissons, ballots d'archives, tout était de leur part l'objet des soins les plus touchants. Aucun désordre et jamais de bruit. Des gens silencieux et résignés, de vrais Slaves.

Comme le temps pressait moins, l'embarquement ne fut pas aussi précipité qu'ailleurs. Il y eut du reste des difficultés imprévues. Ainsi une tempête, qui éclata en janvier, détruisit les amarrages des mines posées par les Italiens pour protéger la rade, de sorte qu'il fallut draguer partout et pratiquer un nouveau chenal d'accès. Nous avons déjà parlé des incessantes attaques auxquelles se livraient les avions autrichiens. Malgré quoi l'évacuation des contingents rassemblés à Valona était terminée dans les premiers jours de février.

De même que les précédentes, cette dernière étape avait été franchie sans aucun accroc, en ce qui concerne les Serbes. Le couloir de protection formé par les chalutiers et *drifters*, entre Valona et Corfou, était si bien gardé que les sous-marins ennemis ne s'y risquèrent jamais. Long d'une soixantaine de milles seulement, le trajet ne prenait que quelques heures et s'effectuait toujours de nuit. Les escadrilles françaises de Corfou surveillaient la route, et l'escorte était fournie par des torpilleurs italiens auxquels avaient été adjoints le *Mameluck* et le *Fantassin*. Nous avons donné un aperçu des conditions dans lesquelles s'opérait le passage à bord des grands paquebots qui en étaient chargés.

XXXIV

LE « RENAUDIN » ET LA « GINETTE »

Cette dernière partie de l'évacuation nous coûta la perte de deux vaillants petits navires, le contre-torpilleur *Renaudin* et le chalutier *Ginette*, celui-ci qui sauta sur une mine, le 23 mars, près de Sévota (un îlot contre la côte d'Épire, dans le sud de Corfou) : dix-neuf hommes y trouvèrent une mort glorieuse, dont le premier maître Allain, leur commandant. « Notre brave petite *Ginette* a disparu », proclama simplement l'ordre du jour de l'amiral de Gueydon, et, dans sa brièveté, cet éloge funèbre résumait l'émotion de tous devant la fin d'un bâtiment renommé pour la crâne manière dont il s'acquittait des missions des plus périlleuses.

Commandé par le lieutenant de vaisseau Hardy, qui périt avec, le *Renaudin* (800 tonnes, 31 nœuds, deux canons de 100, quatre de 65) appartenait à la flottille du commandant de Cacqueray, placé lui-même sous les ordres du vice-amiral Cutinelli-Rendina, commandant en chef la 2e escadre italienne et les forces navales alliées dans l'Adriatique inférieure. Tant que durait le transport des

Serbes, le principal objectif de ces dernières consistait à couvrir le mouvement de va-et-vient entre la côte albanaise et Corfou contre toute tentative de surprise de la part des Autrichiens. Ayant reçu avis qu'un submersible ennemi avait été aperçu croisant dans le golfe du Drin (qui sépare Durazzo de San-Giovanni di Medua), l'amiral Cutinelli envoya à sa recherche une escadrille composée des six contre-torpilleurs *Renaudin*, *Commandant Bory*, *Boute-Feu* (tous les trois français, avec les mêmes caractéristiques que le *Renaudin*), *Insidio*, *Impetuoso* et *Ippolito Nievo* (ces trois derniers italiens : 690 tonnes, 35 nœuds, un canon de 120, quatre de 76). Le tout commandé par le capitaine de frégate Bréart de Boisanger, qui avait son guidon sur le *Renaudin*, avec le capitaine de corvette italien Luigi de Robilant comme adjoint.

À 7 heures du soir, le 17 mars 1916, l'escadrille appareillait de Brindisi, tout le monde sur le pont, à cause du danger offert par les mines qui pouvaient s'être détachées du champ de protection. Le scout anglais *Dartmouth* (5 250 tonnes, 26 nœuds, huit pièces de 152, quatre de 47) se tenait sous pression, prêt à appareiller pour appuyer le repli des destroyers, au cas d'une rencontre avec des croiseurs ennemis. Clair de lune splendide, mer plate. Une légère brume diminue un peu la visibilité.

Les équipages sont aux postes de veille renforcés, les pièces armées. A bord de chaque destroyer, un officier de quart, l'homme de barre, un gradé et deux vigies scrutent l'horizon avec des jumelles, sans compter le commandant qui ne quitte pas la passerelle. A l'arrière, deux hommes aux grenades. Les postes de T. S. F. reçoivent de fréquents messages Telefunken (appareils ennemis) dont quelques-uns semblent très rapprochés. Aussi la surveillance est-elle redoublée, au point qu'un peu avant minuit on relève un indice des plus fugitifs, un sillage étroit et rectiligne, paraissant provenir du récent passage d'un bâtiment léger, torpilleur ou sous-marin.

Vers les 4 heures du matin, à l'aube naissante, on est en vue de Durazzo. Mis le cap au Nord jusqu'à la pointe Pali, entrée du golfe du Drin. L'escadrille se forme en râteau, avec 10000 mètres d'écartement entre les navires, et commence l'exploration du golfe à 26 nœuds de vitesse. Les vigies remontent dans les dunes et signalent quelques épaves : ainsi découvre-t-on les brisées du sanglier quand on chasse en forêt. A bord du *Renaudin*, les commandants de Boisanger, de Robilant et Hardy se tiennent sur le banc de quart, les yeux rivés à leurs jumelles. Soleil radieux, mer d'huile. Pas de meilleures circonstances pour le genre de poursuite auquel ils se livrent. Les radios Telefunken se sont presque tus. On n'entend plus que le grand poste de Cattaro et un autre plus éloigné, attaquant un bâtiment qui ne répond pas. La bête n'est peut-être pas loin, gare !

Plusieurs parcours n'ont amené aucune découverte. A 8 heures moins dix, repris une nouvelle course vers le fond du golfe, le *Renaudin* restant à droite de la ligne et le plus près de terre. Hardy descend dans sa cabine. Il a passé la nuit debout et éprouve le besoin de se changer. Mais c'est la fatalité qui lui fait choisir ce moment-là, car la mort l'attend en bas... L'enseigne de vaisseau Tros a, au contraire, la bonne inspiration de monter prendre le quart un peu d'avance, ce qui le sauvera. Oh ! la vanité des prévisions humaines, devant le jeu de cette force incalculable dont les anciens avaient fait un dieu : le hasard ! Tros se trouve à la hauteur de la troisième cheminée à compter de l'avant, lorsque part un cri de : « Sous-marin par tribord ! » bientôt suivi de : « Torpille ! » A la sinistre annonce, que le bruit des ventilateurs de la machine permet à peine de saisir, de Boisanger commande immédiatement : « A droite toute ! » Bien inutilement d'ailleurs, car l'engin est visible à une centaine de mètres, filant à fleur d'eau comme un marsouin. Malgré la mort imminente, les servants de la pièce avant n'en pointent pas moins consciencieusement dans la direction d'où provient la torpille, et s'apprêtent à faire feu quand elle arrive au but.

Le *Renaudin* est frappé par le travers des machines, juste au-dessous de l'endroit où se trouve l'enseigne Tros, que l'explosion projette en l'air (nous verrons un peu plus loin ce qu'il advint de lui). Le bâtiment a été coupé net en deux tronçons qui se dressent hors de l'eau, retombent et disparaissent en moins d'une vingtaine de secondes, ne laissant derrière eux qu'une large colonne de fumée noire. Les trois quarts de l'équipage coulent avec le *Renaudin*. Admirable de sang-froid, l'équipe du canon de chasse a continué le service de la pièce jusqu'à l'instant où l'eau est venue la saisir. De même, de Boisanger et de Robilant, le premier maître et les timoniers de quart, qui, sans avoir bougé de leur poste, n'ont qu'à se mettre à nager quand la mer les gagne.

Quelques espars, la niche du chien et un berton — sorte de petite embarcation en toile — défoncé, sont les seuls débris qui flottent. Une trentaine d'hommes (sur environ 110) parviennent à s'y accrocher. Ils entendent les cris des blessés et des malheureux en train de se noyer. Puis tout se tait. Une immense nappe de mazout, échappé des soutes, couvre la surface et brûle par endroits. C'est tout ce qui reste du grand torpilleur qui, quelques minutes auparavant, fendait orgueilleusement les flots de l'Adriatique, cherchant un ennemi à combattre — et englouti sans avoir seulement pu se défendre.

XXXV

HÉROISME ET ABNÉGATION

Revenons au jeune enseigne Tros, qui va nous raconter la suite de sa terrible aventure. « Ébloui par l'éclair de l'explosion, je crus voir le soleil à toucher, me disait-il ces jours derniers. Je perdis ensuite connaissance et ne la retrouvai que dans l'eau. Je tournoyais sur moi-même, tout en coulant à pic. Je me mis alors à nager, et m'aperçus que j'étais blessé à la jambe gauche, qui demeurait inerte. En remontant à l'air, encore à demi suffoqué et la bouche pleine de mazout, je ressentis de vives douleurs aux yeux ainsi que sur toute la figure. Je ne voyais plus qu'un voile rougeâtre et me crus aveugle (il n'en était heureusement rien, quoique sa vue ait beaucoup perdu). Je pus me soutenir quelque temps avec mon unique jambe valide, et réussis même à me débarrasser de mon revolver et de mes jumelles qui me gênaient beaucoup. Mais, sous l'action de l'eau de mer, mes blessures me faisaient cruellement souffrir. Nageant toujours à l'aveuglette, je vins heurter contre un berton crevé que je saisis des deux mains. Autour de moi des hommes appelaient au secours, sans que je puisse rien pour eux, hélas ! Je me sentais d'ailleurs faiblir très vite et voyais déjà le moment où je serais obligé de lâcher prise, quand une voix me cria : Tenez bon, lieutenant ! j'arrive. Je répondis : Dépêche-toi, je n'en ai plus pour longtemps. Mon sauveteur, le quartier-maître Cadic (encore un Breton, du quartier de Saint-Brieuc), parvint à m'étendre dans le fond de l'embarcation, et, comme le soleil dardait sur mes yeux brûlés, il me couvrit de son bonnet. » Simple et émouvant récit qui, mieux qu'aucune littérature, nous permet de saisir en pleine action la force d'âme et le dévouement de nos marins, tant officiers que sous-officiers ou matelots.

Autour du même berton vinrent successivement se grouper un certain nombre de naufragés, dont le capitaine de frégate de Boisanger. L'infortuné Hardy n'avait pas reparu. Muni d'une ceinture de sauvetage, le commandant italien de Robilant pouvait se soutenir. Il plongea par deux fois pour repêcher des hommes à bout de forces. Car lorsque l'un d'entre ceux qui se tenaient après le berton n'en pouvait plus, il se laissait couler sans mot dire, plutôt que de chercher à monter dans l'embarcation, que la moindre charge supplémentaire eût infailliblement entraînée au fond...

N'apercevant aucun autre bâtiment, le sous-marin ennemi (l'*U-6,* que les Italiens capturèrent un peu plus tard) émergea alors, dans l'intention

— a prétendu son second lorsqu'il fut pris — de recueillir les survivants à son bord. Il tourna quelque temps autour du point où le *Renaudin* avait disparu, puis s'éloigna et plongea pour éviter le *Commandant Bory* (lieutenant de vaisseau Vicel). Ce dernier a, en effet, vu et entendu l'explosion, et accourt. Mais, ne sachant s'il s'agit d'une mine ou d'une torpille, il s'approche avec circonspection, après avoir prévenu le reste de l'escadrille qui se porte dans le Nord afin de couvrir le sauvetage.

Dès que le *Bory* est à portée de voix, les naufragés lui crient de s'en aller au plus vite, parce qu'ils ont été torpillés et que le sous-marin n'est pas loin. Sous prétexte de ramasser une trentaine d'hommes, il ne fallait évidemment pas risquer la perte d'un autre torpilleur et de tout son équipage. N'empêche que le geste de ceux qui refusent le salut à ce prix-là vaut d'être retenu, n'est-ce pas? Et le *Bory* vire en effet de bord, à toute vapeur. Mais le commandant a son plan. Après avoir couru quelque 3 000 mètres, il stoppe, met ses embarcations à la mer et repart en vitesse pendant que celles-ci gagnent le lieu du sinistre à l'aviron. Quand les rescapés sont à leur bord, baleinières et youyous s'éloignent, chacune dans une direction différente. Le *Bory* vient alors les prendre successivement, ne s'arrêtant que le temps nécessaire pour crocher les palans qui servent à hisser et soulever hors de l'eau l'embarcation toute chargée. Il file ensuite à 30 nœuds et fait un grand tour avant de revenir sur une autre afin de donner le change au sous-marin. Habile manœuvre qui lui permit d'éviter les deux torpilles que les prisonniers de l'*U-6* avouèrent lui avoir lancées sans succès. Vers 10 heures et demie, l'opération était achevée, et des fumées ayant été signalées sortant de Cattaro, l'escadrille se rassembla pour rentrer à Brindisi, d'où le *Dartmouth* et une escorte de torpilleurs se portaient à sa rencontre.

Encore un bel épisode à l'actif de nos marins, mais dans lequel leur héroïsme et leur habileté professionnelle n'ont eu à jouer que passivement. Presque jamais ils ne connaissent la joie profonde, réservée à nos admirables soldats, de se battre corps à corps avec l'ennemi, de repousser ses assauts les plus furieux ou de l'enfoncer de haute main, en se sentant tous les jours plus près de la victoire finale. Eux, ils sont voués à la recherche de l'invisible et de l'insaisissable, condamnés à une lutte sournoise n'offrant pas une heure de répit et aboutissant presque toujours à quelque effroyable sacrifice de vies humaines, sans que personne en soupçonne seulement la grandeur ni l'utilité. Tels ces martyrs inconnus de la foule, dont la foi et l'indomptable courage finirent quand même par avoir raison de leurs ennemis. Ainsi en sera-t-il de nos officiers et équipages de la flotte, et c'est pourquoi je m'occupe de rassembler dès maintenant leurs « actes » glorieux.

XXXVI

SOUS LES OLIVIERS DE CORFOU

Corfou est un de ces petits paradis de la Méditerranée où tout se trouve réuni pour charmer : climat, paysage, souvenirs. Si l'on veut se rendre compte de la satisfaction que pouvaient éprouver les Serbes en y débarquant, il suffit de se rappeler ses propres impressions quand, ayant quitté Paris un soir d'hiver, par une de ses pluies glaciales qui rendent tout boueux et maussade, on se réveille le lendemain matin dans le train, en route pour la Riviera, avec la joie de revoir le ciel bleu, du soleil et des rosiers en fleurs. Après toutes les alertes de la retraite et de l'embarquement, c'était aussi le même genre de soulagement que ressent le voyageur qui, revenant des pays tropicaux où l'on ne saurait faire un pas sans s'exposer à la morsure de quelque bête venimeuse, retrouve la sécurité qu'offre au promeneur la nature de nos régions tempérées.

La mission militaire française suivait à Corfou l'armée qu'elle avait contribué à sauver et, dès son arrivée dans l'île, de concert avec l'amiral de Gueydon, le général de Mondésir procédait à la répartition des Serbes. La plus grande partie fut installée dans ce que l'on appela les camps du Sud. Le reste, aux alentours de la ville, près de Govino, de Gastouri, de Santi-Dekka et de l'Achilléion, sur la route qui domine la mer et suit en corniche les sinuosités du rivage. Et, en quelques jours, les régiments affamés et disloqués reprenaient l'aspect de troupes au cantonnement.

Tout a été dit, ou à peu près, sur la merveilleuse résurrection de l'armée serbe, et nous avons vu plus haut comment la base navale de Corfou en avait préparé les moyens. Je n'y reviendrai donc qu'à seule fin de montrer jusqu'où nos marins poussèrent le débrouillage, quand il fallut s'ingénier pour abriter des milliers de pauvres êtres désemparés, improviser de quoi secourir leur effroyable détresse et soigner ceux dont le seul contact représentait le plus terrible des dangers.

C'est ainsi qu'ils s'instituèrent constructeurs de baraquements à Govino. « Une délicieuse plage, fraîche et solitaire, qui s'arrondit entre deux pointes couronnées de vieilles fortifications et semblables à deux bras accueillants. Autrefois, mouillage habituel des galères vénitiennes, avec un arsenal en ruines dont il ne reste plus que la porte d'honneur démantelée et quelques-uns des arceaux sous lesquels s'abritaient les ateliers de réparation. Toutes les tonalités du vert y chantent le printemps : velours des pelouses, rigidité sombre des cyprès, grisaille légère des oliviers, souples rubans des ruisseaux glauques descendant à la mer. Il y a peu de jours, c'était la campagne antique, odorante et muette, créée pour les pâtres et les poètes qui se grisent volontiers de solitude et de silence. Aujourd'hui, Govino est redevenue une ville, et son port a repris toute son activité. Des milliers de soldats se pressent sous des centaines de tentes, reliées par les innombrables lacets de routes qui, hier, n'existaient pas ; des hôpitaux presque confortables, des baraquements et des magasins s'élèvent à l'ombre d'oliviers séculaires. En bas, un appontement de fortune, où accostent des processions de chalands remorqués par des embarcations à vapeur, reçoit des amoncellements de marchandises de toutes sortes, et des caravanes de malades. Et toute cette prodigieuse métamorphose est due aux matelots, mécaniciens, charpentiers et voiliers de la division navale. » (Médecin principal Hernandez du *Waldeck-Rousseau.*)

XXXVII

VIDO, L'ILE DE MISÈRE

Nous emprunterons à la plume alerte du même correspondant, ainsi qu'à des lettres des enseignes de vaisseau Michelin, Olivier et Cléret, un aperçu de ce que fut le dévouement de la marine aux mauvaises heures du début, celles où tout manquait : « Vido est un îlot, rocheux et verdoyant, d'une superficie d'environ 100 hectares, qui barre au nord l'horizon immédiat de Corfou. Sur cet étroit espace, on avait réuni les plus misérables parmi les infortunés Serbes. A peine arrivés, nous (les marins) nous sommes installés sur un petit plateau marécageux qui domine l'île plus près des nuages afin de mieux recevoir la pluie fine qui tombe jour et nuit. Quatre immenses tentes ont été dressées par les charpentiers et les voiliers du *Waldeck*. Une épaisse litière recouvre la vase du sol, et sur cette couche grouillent plusieurs centaines de larves humaines. C'est l'inévitable déchet des armées qui ont traversé montagnes, neige, faim, précipices et marais, sans compter l'hostilité des indigènes, accomplissant une marche de soixante-dix jours auprès de laquelle la retraite des Dix Mille ne serait qu'une agréable flânerie.

« Quels haillons sordides et déchiquetés ! Sous ces haillons, quelle vermine insolente autant qu'innombrable, et, sous cette vermine, quelles plaies horribles rongent ces pauvres et chancelants squelettes ! On ne sait plus si ce sont des vivants qui vous regardent comme des morts, ou des morts qui vous regardent avec des yeux de vivants.

» Dès l'arrivée au camp, un médecin de la marine (Hernandez), qui se défend de paraître ému, soumet ces misérables à un examen sommaire. Les quatre tentes reçoivent respectivement les fiévreux, les dysentériques, les estropiés et les cachexiques. Funèbre ironie ! Il faut tout faire comme si on avait le nécessaire, quand la salle d'opération est représentée par le grand air, et la table chirurgicale par une planche branlante posée sur deux énormes pierres ! Faute de fiches et de bureau pour écrire, le docteur s'est muni des vieux jeux de cartes du bord qui serviront à marquer l'état et la destination de chaque malade, suivant qu'un trèfle, un carreau, un pique ou un cœur auront été accrochés à ses guenilles. Les infirmiers sauront ainsi sous quelle tente le conduire.

» Le lendemain matin, on fait le triage des morts, dont quatre squelettes emportent les cadavres, mais si légers, si peu de chose, que la corvée n'est pas au-dessus de leur faiblesse. Une fois que l'aumônier du *Waldeck* (Mgr Bolo, le conférencier bien connu à Paris) était venu leur prodiguer les consolations et secours matériels qu'il leur apportait journellement, au moment où il allait les quitter, ces malheureux se soulevèrent sur la paille et, avec ce qui leur restait de forces, crièrent avec des voix débiles et navrantes, à bout de souffle : Françouska Givela ! (Vive la France.) Épuisés par cet effort, plusieurs tombèrent inanimés, ayant adressé leur dernier cri à la nation généreuse qui s'était penchée sur leur dernière douleur.

» Telles étaient les déplorables conditions dans lesquelles nous opérions les premiers jours. Depuis, Vido est devenu un élysée sanitaire. Rajeunies par le printemps, ses pelouses sont maintenant émaillées par les jolies tentes toutes blanches du service de santé militaire qui nous a remplacés, énormes pâquerettes parmi lesquelles s'empressent nos infirmières, ces abeilles de la charité. Des baraquements hygiéniques, sentant bon le bois frais, abritent la béatitude des malades et les raffinements de la science médicale, tout cela dû toujours aux mêmes bons magiciens, les matelots ! »

XXXVIII

LA « CHRYSALIS »

« C'était un pauvre méchant petit vapeur grec, voué par ses modestes proportions (200 tonnes environ) à de courtes traversées parmi les cailloux de la côte hellène. Ses cales étroites n'avaient guère transporté jusque-là que des olives noires et des figues sèches, ses humbles cabines abrité que d'infimes passagers ou des mercantis bavards. Un jour, ordre de l'amiral d'y installer dare-dare des lits, du couchage, des douches, une pharmacie, un service médical complet, avec certains appareils d'un genre tout spécial que l'on comprend généralement sous l'appellation « confort moderne ».

» On vit alors avec quelle rapidité prodigieuse, entre les mains de nos matelots, la plus morne des chrysalides peut devenir un brillant papillon. Comment se fit la transformation? Ceux-là seuls seraient capables de le dire qui l'opérèrent : médecins, infirmiers, charpentiers, timoniers, voiliers et mécaniciens de la flotte. Mais, au bout de vingt-quatre heures, le bateau était prêt à recevoir une centaine de Serbes.

» L'affreux serrement de cœur que l'on éprouvait à voir arriver ces malheureux épuisés se changeait bientôt en je ne sais quelle joie ahurie, au spectacle de la scène pittoresque qu'offraient les premiers soins dont ils étaient l'objet. Le pauvre diable qui a monté l'échelle de coupée en se traînant est saisi par des bras à la fois vigoureux et maternels. En un clin d'œil les effroyables loques où la vermine se retranche en toute sécurité sont à bas et vont bouillir dans une vaste baille à proximité. Tandis que les insectes dépossédés de leur repaire dansent à la surface de l'eau chaude, le patient est assis sur la lisse, où un coiffeur improvisé, la tondeuse à la main, penche son chef broussailleux vers l'eau, et, en quelques secondes, par mèches épaisses, fait tomber directement à la mer une faune et une flore trop longtemps respectées.

» Presque simultanément, un jet d'eau tiède lave l'arrivant, en visite tous les recoins, assouplit la peau rugueuse, rend à la propreté ce pauvre corps flétri par la crasse, la maladie et la fatigue. On dirait déjà qu'il va mieux. Un léger coup de tampon sur sa pitoyable carcasse est donné avec une douceur et des ménagements dont on ne croirait pas capable la rude main de nos mathurins. Revêtu maintenant d'une chemise propre, il est doux de contempler, enfin parvenu à l'étape du repos et de la charité, l'infortuné qui, depuis soixante-dix jours, avait été en butte à tant de cruelles et sordides misères. Sans qu'il en coûte aucun effort à ses maigres jambes de squelette plus qu'à ses pieds enflés et saignants, le voici transporté sur une couche bienfaisante. Le médecin est là, qui l'ausculte, l'examine, le panse, et donne les ordres nécessaires. Pauvre être, lamentable échappé du calvaire subi par tout un peuple, tes souffrances sont terminées, tu auras désormais du linge propre, du lait chaud, des soins affectueux : la France est à ton chevet, représentée par une de ses plus nobles personnifications, sa Marine ! » (Docteur Hernandez.)

Ce que ne dit pas l'auteur de ces saisissants petits tableaux, et ce qu'il faut cependant proclamer très haut, c'est que le corps de santé de la marine prodigue partout et inlassablement la bravoure et le dévouement les plus absolus, joints à la plus haute capacité professionnelle. Car, tandis que leurs confrères de l'armée se relèvent pour aller au front, eux sont toujours aussi exposés que dans les tranchées de première ligne. Et quand par hasard sous-marins et avions ne sont momentanément pas à redouter, comme à Corfou, ils ont à affronter la peste et le choléra, dont le docteur Hernandez ne parle même pas. Impossible de réunir de plus beaux états de service que nos médecins de la flotte.

XXXIX

DE CORFOU A SALONIQUE

Il ne me reste plus qu'à rappeler le succès que fut le transport à Salonique de l'armée serbe reconstituée et ne demandant qu'à reprendre l'offensive. Les Grecs ayant indignement refusé aux Alliés d'utiliser le chemin de fer de Patras à Larissa, on dut se résoudre à faire le tour par le cap Matapan, le canal de Corinthe ne permettant pas le passage à des bâtiments suffisamment grands pour mener l'opération aussi rondement qu'il était nécessaire. Car il n'y avait pas une heure à perdre si l'on voulait éviter les sous-marins que les Boches s'apprêtaient à jeter sur une aussi riche proie.

Sauf erreur ou omission, voici les noms des cinquante-deux croiseurs auxiliaires ou affrétés de notre marine de commerce qui furent réunis à cet effet, après un radoubage destiné à leur rendre le plus de vitesse possible : *Sant'Anna*, *Burdigala*, *Lutetia*, *Savoie I*, *Gallia*, *Australien*, *Britannia*, *Doukkala*, *Dumbéa*, *Melbourne*, *Natal*, *Chili*, *Plata*, *Nera*, *Sinaï*, *Armand Béhic*, *Savoie II*, *Médie*, *Abda*, *Théodore Mante*, *Canada*, *Sontay*, spécialement affectés aux troupes; *Ville de Rouen*, *Ville de Bordeaux*, *Arcturus*, *Sylvie*, *Havraise*, *Odessa*, *Annam*, *Libia*, *Sainte-Hélène*, *Danube*, *Anatolie*, *Gaule*, *Artiste*, *Astria*, pour le matériel; *Ville de Nantes*, *Caraïbe*, *Arménie*, *Amiral Charner II*, *Djemmah*, *Mont Cervin*, *Argenfels*, *Basque*, *Ville de Strasbourg*, *Consul Horn*, *Algérie III*, *Loire*, destinés au ravitaillement; *Seine* et *Drôme*, qui devaient prendre les armes; *Colbert* et *Himalaya*, transports-écuries. Les Anglais nous prêtaient *Ingama*, *Cameronian*, *Eloby*, *Darymoor*, *Lynton*, *Mabelraid*, *Maryland*, *Huanchaco*, et les Italiens *Perseo*, *Cordova*, *Stampalia*, *Re Vittorio Emmanuele*, *Principe Umberto*. En tout, soixante-cinq navires de charge qui, du 11 avril au 30 mai, feront la navette entre Corfou et Salonique, chaque voyage, aller et retour, demandant de quarante-sept à cinquante-cinq heures, suivant la vitesse déployée.

« Grâce au dispositif adopté, à la bonne volonté de tous, ainsi qu'au labeur acharné des escadres et des bases (1), ce nouvel exode put s'accomplir dans des conditions de célérité qui ont dépassé les prévisions les plus optimistes, écrivait l'amiral Dartige du Fournet. Mais si les ordres reçus ont été bien exécutés, je ne saurais passer sous silence

(1) Nous n'avons parlé que de celle de Corfou, commandée par l'amiral de Gueydon. Mais il y en avait une autre à Salonique, alors placée sous les ordres du contre-amiral Salaün. Elle était chargée de recevoir tout ce que la première lui expédiait, et a droit aux mêmes éloges.

le rôle primordial que ces ordres eux-mêmes, la régularité et la promptitude avec lesquelles les moyens de transport nous ont été fournis, ont joué dans cette entreprise. Elle ne pouvait réussir que par l'effet d'une méthode et d'une prévoyance dont nous avons recueilli les fruits, mais dont l'honneur revient au ministre de la marine (amiral Lacaze). »

Or, voici quel était le plan auquel s'était arrêté le commandant en chef, d'après les instructions ministérielles :

L'armée navale commença par venir s'installer à Argostoli, superbe rade qui s'ouvre dans la partie occidentale de l'île de Céphalonie, à 50 milles dans le sud de Corfou. De là, elle pouvait fondre sur l'escadre autrichienne, si celle-ci eût tenté une sortie contre nos transports. J'ai déjà suffisamment expliqué toutes les mesures que comporte l'établissement d'une base maritime — dragages de mines, patrouillage à la recherche des sous-marins, pose et garde des barrages, services de surveillance et d'éclairage, arraisonnement, pilotage, etc. — pour y revenir ici.

Tout le long de la route à franchir, torpilleurs et chalutiers (ceux-ci qui firent merveille sous l'habile et vigoureuse direction du commandant Fatou) ont été répartis en escadrilles de couverture et d'escorte, sur le rôle desquelles on comprendra que je m'abstienne de fournir des précisions.

La sortie de Corfou était dirigée par l'amiral

de Gueydon, renforcé par une seconde division de croiseurs. Il avait surtout à se défendre contre les mines, que venaient constamment semer de petits sous-marins allemands. Les Italiens surveillaient l'Adriatique et les Anglais nous prêtaient leur précieux concours dans la mer Égée. Enfin, l'arrivée à Salonique s'effectuait sous les auspices de l'amiral Salaün. Je passe, naturellement, sur les horaires et itinéraires qui avaient été établis de manière à réunir les circonstances les plus favorables.

XL

DERNIÈRES ALERTES

Malgré toutes ces mesures, on conçoit les inquiétudes du prince Alexandre, quand il se vit obligé de confier une seconde fois le sort de la Serbie aux hasards de la mer, des mines et des submersibles. Le 23 mars, le chalutier *Ginette* sautait dans le sud de Corfou, comme il venait d'être dépassé par le croiseur auxiliaire *Lutetia* (commandant le capitaine de frégate Dupuy-Fromy) qui l'échappa belle, avec les 3000 hommes qu'il portait. Brindisi annonçait le passage de deux grands requins boches. Un sous-marin était pris dans les filets du canal d'Otrante, un autre parvenait à s'échapper. De Grèce, nos agents en signalaient plusieurs, échelonnés entre Corfou et le cap Matapan, et les transports voyaient des périscopes un peu partout. Le 7 avril, le *Colbert*, qui amenait des chevaux de France à Salonique, arrivait à Ajaccio avec un tué et huit hommes grièvement blessés, à la suite d'un combat contre un sous-marin (1). Dans la mer Égée,

(1) Le *Colbert* était commandé par l'enseigne auxiliaire (capitaine au long cours) Commelin, qui fut cité à l'ordre

le 8 mai, la *Savoie II* en rencontrait un autre et ne lui échappait que grâce à une prompte et adroite manœuvre de son commandant, le capitaine de frégate Tourrette.

Pour toutes ces raisons, le prince eût peut-être arrêté le transport en cours, si le général de Mondésir et l'amiral de Gueydon, ce dernier surtout, ne fussent parvenus à le rassurer et à le convaincre de l'efficacité des moyens de protection employés. Les Italiens y ajoutèrent six torpilleurs de 800 tonneaux ainsi que vingt-quatre *drifters* retirés de l'Adriatique, et les choses continuèrent comme auparavant. Le 15 mai, le prince partait lui-même à bord du destroyer français *Opiniâtre.*

Bref, à la date du 30 mai 1916, nous avions transporté à Salonique 117 000 hommes, 20 000 chevaux et 150 000 mètres cubes de matériel, plus environ 13 500 mètres cubes de ravitaillement par semaine. Et cela sans une perte, sans même d'accident, avec un bonheur et une rapidité d'exécution dont ne revenaient pas ceux qui dirigeaient le mouvement. « J'étais étonné de ce que je voyais faire par chacun, officiers et hommes, dans toutes les spécialités. Ouvriers de la première heure, ils ont dû tout improviser, recourir aux moyens de fortune les plus rudimentairse pour parer à des

du jour de l'armée et décoré de la Légion d'honneur pour sa belle conduite. C'est le même navire qui a été torpillé le 30 avril dernier et son même commandant qui a héroïquement disparu avec.

difficultés en apparence insurmontables, ce qui ne les a pas empêchés d'obtenir un rendement que personne n'attendait » — me disait l'amiral de Gueydon, auquel est principalement due cette splendide réussite. Aussi bien organisée que brillamment conduite, c'est en effet une des opérations dont la marine française peut s'honorer au plus juste titre, et j'espère avoir donné une idée de l'immense effort qu'elle représente.

Son achèvement marquera également le terme de ce long récit, car si nos marins ont continué à servir dans l'Adriatique, et à y faire preuve des mêmes admirables qualités, ils n'ont plus été, à partir de ce moment-là, que les auxiliaires de nos amis et alliés italiens, à qui nous laisserons le soin de conter leurs actions de guerre.

LE COMBAT DU « RIGEL »

ET

D'UN SOUS-MARIN

I

LA CHASSE AUX « GUILLAUME »

Avant sa glorieuse disparition, le *Rigel* était un sloop de 1500 tonnes, à faux air de petit croiseur cuirassé. Il avait été spécialement construit pour courir après les pirates boches, ceux dont les matelots se sont chargés de flétrir les abominables noyades en les appelant des « Guillaume ». Un vrai métier de chien, comportant beaucoup plus de misère et de coups de tabac que de parts de prise à ramasser, sans compter les chances de sauter sur une mine ou de finir éventré par une torpille. Mais tous les attraits de la chasse aux grands fauves. Seulement, ces battues-là, jamais on n'en affiche le tableau, non plus que les belles citations que nos marins y décrochent, crainte de fournir le moindre renseignement à l'ennemi. L'unique exception est quand chasseur ou chassé a été coulé, et que les Allemands en ont eu connaissance, parce qu'alors il ne leur reste plus grand'chose à leur apprendre.

Le *Rigel* se trouvant dans ce dernier cas, je voudrais en profiter pour raconter son duel à mort avec un sous-marin. Lutte singulière autant que passionnante, où, séparés par une couche d'eau impénétrable au regard, nous allons les voir se chercher, l'un que son périscope fait ressembler à un borgne, l'autre à tâtons comme un aveugle : le premier, pour lancer sournoisement une machine infernale portant 100 kilogrammes de trinitrotoluol — la charge d'un petit volcan — le second, un coup d'étrave tout aussi traître. Oh! rien qui ressemble aux francs engagements du bon vieux temps jadis, lorsqu'il ne s'agissait que de se montrer le plus fort ou le plus adroit. Au lieu de la victoire due à la bravoure agissante, et marquée par l'ancien geste du vaincu amenant son pavillon, le triomphe des explosifs ainsi que de la résignation passive, pour aboutir à l'engloutissement foudroyant de l'un des adversaires, sinon de tous les deux. Ce qui, du reste, n'empêche nullement la valeur professionnelle et le sens marin de continuer à jouer le principal rôle dans toute action à la mer.

Malgré l'absence de variété dans les péripéties qui résulte de pareilles conditions, l'affaire du *Rigel* n'en est pas moins intéressante à étudier, comme exemple d'une rencontre entre submersible et unité de surface. Elle va, de plus, nous mettre à même de saisir comment fonctionne notre système de protection contre les sous-marins. Car le public n'en connaît guère que les insuccès, ignorant presque tout des efforts surhumains grâce auxquels la marine française, dans son domaine à elle, est parvenue à réduire des deux tiers la moyenne des coulages opérés par chaque sous-marin pendant son mois de croisière — tombée de quarante à une quinzaine en Méditerranée occidentale, depuis les mesures adoptées par l'amiral Lacaze. A l'exception des initiés, nul ne s'imagine les difficultés d'un problème dont les données varient journellement, et qu'il faut résoudre avec les seuls moyens en hommes, canons, avions, moteurs, etc., que les besoins du front permettent d'y consacrer. Aussi, quand on passe sur la place de la Concorde, tard le soir, et que de la lumière filtre encore aux fenêtres du ministre et de son chef de cabinet l'amiral Schwerer, homme de mer doublé d'un technicien hors ligne, peut-on être assuré que, parmi les questions qui font veiller ces deux inlassables travailleurs, aucune ne les préoccupe davantage que celle de la chasse aux « Guillaume ».

II

SUR LA PISTE DE L'« U-35 »

Donc, le 2 octobre au matin, le *Rigel* patrouillait dans le sud des Baléares. Il était en quête de l'*U-35* (1), le même qui, trois mois auparavant, avait eu l'aplomb de relâcher à Carthagène, sous le fallacieux prétexte d'apporter une lettre de son sinistre maître pour sa très chevaleresque Majesté le roi d'Espagne. En réalité, le forban venait établir sur place les intelligences nécessaires à sa criminelle besogne. Lorsqu'on cherche des victimes à envoyer par le fond, rien de plus utile en effet que la complicité de bateaux neutres, allant par exemple charger des dattes à Alger, ou vendre des oranges à Marseille. Ils y notent les navires en partance, ainsi que leur destination —

(1) En achèvement quand la guerre a éclaté. Voici, approximativement, ses principales caractéristiques : longueur 70 mètres, largeur 6 mètres, tirant d'eau 4 mètres ; en surface, 700 tonneaux de déplacement et 17 nœuds de vitesse, contre 850 tonneaux et 6 nœuds en plongée ; 30 hommes d'équipage, 4 tubes de lancement, 2 canons de 88, une ou deux mitrailleuses ; peut franchir 3 500 milles à 10 nœuds et de 80 à 100 en plongée.

jamais rien de caché pour les amis, chez nous — et vont ensuite se mettre en communication par T. S. F. avec les bandits allemands. Comme bien on pense, ces petits conciliabules ont lieu la nuit, à certaines heures convenues d'avance, où les sous-marins émergent en grand mystère, mâtent leurs antennes et se tiennent aux écoutes, pendant que l'équipage monte prendre l'air sur la carapace noyée dans l'ombre. Véritable scène de mélo que je me permets de recommander à ceux qui mettent la guerre en feuilleton. Le reste, c'est le banal fait divers de chaque jour : tel bâtiment coulé avec ou sans avis préalable, tant d'inoffensifs passagers, de femmes et d'enfants noyés, *Deutschland über alles!*

Cette fois, les requins à Guillaume épiaient le prochain appareillage du *Gallia*, un de nos plus grands et plus récents paquebots, qui devait transporter des troupes à Salonique. Prévoyant qu'une si riche proie ne manquerait pas de tenter ceux dont les méfaits avaient révélé la proximité (parmi lesquels très probablement l'*U-35*), le *Rigel* venait se placer en travers, pour tâcher de harponner le monstre au passage. Il faisait route à 12 nœuds. Mer absolument calme, ciel clair, vue jusqu'aux plus extrêmes limites de l'horizon. A 8 h. 55 on signale un voilier, à une vingtaine de milles. Comme un sous-marin pouvait très bien se cacher derrière, le *Rigel* pique droit dessus, dans l'intention d'aller le reconnaître.

III

TORPILLE PAR BABORD !

Mais, à peine changé de cap, avant que personne ait aperçu quoi que ce soit de suspect, périscope ou sillage, que l'homme de bossoir crie : « Torpille par bâbord ! »

Ce qu'il a vu? Les bulles d'air que laisse échapper l'engin dès sa sortie du tube par où il est chassé dehors. Leur bouillonnement commençait à 200 mètres du bord. Notons en passant que c'est la plus courte distance à laquelle un submersible puisse lancer, s'il veut éviter le contre-coup et donner à l'appareil le temps de gagner son niveau de choc.

A 100 mètres, on distingue la torpille elle-même, dont le cône de chargement en bronze rappelle les cartilages des têtes de poisson, et les antennes leurs barbes; terminée par une large queue à deux hélices, elle porte sur le dos un cercle rouge pour la faire retrouver plus facilement, si elle rate. Filant sous l'eau bleuissante, on eût dit un de ces jeunes baleineaux qui viennent jouter avec les navires à voiles, par les hautes latitudes, tan dis que la mère baleine les surveille d'un peu plus loin...

Le commandant du *Rigel* est le capitaine de frégate Vandier, qui montait précédemment l'*Intrépide* dans la mer du Nord, où il a très brillamment coopéré à la défense de l'Yser en affrontant mines et bancs de vase pour se coller contre terre et canonner les ouvrages boches de plus près. Rompu aux mauvaises surprises, il a immédiatement donné l'ordre de mettre la machine à toute allure et la barre à droite, afin de recevoir le coup aussi obliquement que possible. La trompette Klackson a déjà corné l'alarme. Le premier maître de timonerie Chrétient est de quart. Des deux enseignes, l'un, M. Berton, bondit sur le pont; l'autre, M. Chardenot, qui remplit les fonctions de second, était à se changer dans sa chambre et remonte en chemise de nuit, caleçon et casquette. Presque automatiquement, par suite de la grande habitude, les servants ont armé les pièces. Mais que viser? On n'aperçoit absolument rien, ni dessus, ni sous l'eau. Faute de mieux, on essaye de pointer sur l'endroit d'où est partie la torpille. Et tout cela dans les dix secondes qui vont suffire à celle-ci pour doubler 200 mètres avec sa vitesse de 40 nœuds (74 kilomètres à l'heure).

Ça y est! Un fracas comme si c'était la fin du monde, une secoussse à tout arracher, en même temps que s'élève un nuage d'âcres vapeurs, d'où fuse une gerbe de 25 mètres de hauteur — puis sa retombée en déluge d'eau, de fer émietté et de poussière noire provenant de ce que l'explosion a eu lieu dans une soute à combustible. Par miracle, personne de sérieusement blessé, mais tout l'équipage passé au charbon, ce qui provoque un fou rire général. Car la vieille gaieté française ne perd jamais ses droits, même dans les circonstances les plus terribles. Si terribles pourtant que, de saisissement, un homme est devenu subitement fou, et se met à hurler sous la passerelle... De la soute, la mer gagne la chaufferie avant, où, de son propre chef, le quartier-maître Bernard se précipite vider la chaudière en marche, afin de prévenir son éclatement.

Stoppé net, le *Rigel* ne court plus que sur son erre. Il s'est incliné de 10 degrés sur tribord, à cause de la rupture d'équilibre déterminée par la volatilisation de la houille emmagasinée de l'autre côté. Mais la solidité du cloisonnement, ainsi qu'un arrimage exprès, écartent tout danger de chavirer, pour le moment du moins. Chacun ne songe donc qu'à découvrir l'ennemi et à le combattre.

IV

CONTRE FORTUNE BON CŒUR

A force de se crever les yeux, on finit cependant par discerner une tache noirâtre, qui paraît et disparaît, à quelques mètres de la surface : aucun doute que ce ne soit le sous-marin venant juger de l'effet produit par sa torpille, dont il a perçu l'éclatement. Avec le reste de vitesse acquise, l'avant du *Rigel* est tourné dans sa direction, pour tenter de le couper en deux. Concurremment, la pièce de chasse, un 140, ouvrira le feu. Mais la bande fausse le pointage, coince les organes de mise en batterie. Ivres de fureur, les canonniers tirent à bras sur la gueule, violentent les engrenages et parviennent, bon gré, mal gré, à encadrer le gisement supposé de l'*U-35* (ou autre?), lequel s'enfonce en décrivant une spirale qui l'écarte du champ d'arrosage. Quand il passe derrière le *Rigel*, à environ 2000 mètres, un gabier de vigie l'entrevoit, indique son relèvement, et la pièce de retraite prend la suite du bombardement, aux joyeuses acclamations de tous : « On l'aura ! on l'aura ! » Des gaillards décidément pas faciles à démonter que ceux-là. Sortant d'échapper à la plus effroyable des catastrophes, et sous la menace imminente de sa répétition, non seulement ils continuent à chauffer, manœuvrer et tirer comme si de rien n'était, mais trouvent encore le courage de plaisanter, pendant que le sous-marin tourne autour de leur bateau paralysé, attendant l'occasion de redoubler son coup avec la même impunité.

Entre temps, on a mis la seconde chaudière en pression, et à peu près redressé le navire. Il faudrait arriver à développer 8 nœuds, pour reprendre l'avantage sur le submersible qui ne peut pas en donner plus de 6 ou 7 sous l'eau.

Le salut est à ce prix, ainsi que la vengeance. Mais, vers 11 heures, au moment où les hélices commencent à battre plus vite, on vient prévenir le commandant Vandier que la mer envahit la chambre de chauffe arrière. C'est par le drain, sorte de pompe d'épuisement, dont le manchon a été fendu sans qu'on s'en aperçoive. Sous la direction du premier maître mécanicien Cozian, d'un dévouement au-dessus de l'éloge, comme son équipe tout entière, on fait face à ce nouveau péril. Pendant que seaux et pompes mobiles combattent l'inondation, le quartier-maître Pothier et le chauffeur breveté Laurent, dans l'eau jusqu'au menton, travaillent fiévreusement à la réparation de l'avarie. Et comme on devine la rage de ces braves gens, de nouveau réduits à l'impuissance devant un ennemi qui les guette toujours !

V

CEUX QUI VEILLENT SUR LA MER

Il va sans dire qu'aussitôt torpillé, le *Rigel* a fait marcher la T. S. F., signal auquel nous allons voir se déclancher le mécanisme destiné à limiter le mal commis par les sous-marins. Bien qu'il s'agisse d'un dispositif absolument secret, il est, je crois, possible d'en exposer les principaux rouages, sans rien dévoiler qu'il ne faille pas. Les écumeurs de Guillaume le connaissent du reste mieux que quiconque, pour y avoir laissé poil ou plume.

Les parages à garder ont tout d'abord été divisés en zones, chacun sous le contrôle d'une flottille autonome qui comprend : des chalutiers en grand nombre, traînant des filets pour prendre l'espèce de poisson à détruire — de gigantesques filets en acier et garnis de mines à la place d'appât ; des avisos capables de leur donner la poursuite, comme le *Rigel;* enfin des canonnières qui tirent dessus avec des bombes éclatant sous l'eau — ces deux dernières catégories créées de toutes pièces par l'amiral Lacaze, lequel a réalisé le tour de force de les faire construire et armer en moins d'un an.

A travers les immenses étendues de la mer, les flottes de commerce suivent des chemins aussi incertains que ceux des caravanes dans le désert : les uns jalonnés par les ossements blanchis des bêtes de somme tombées en pâture aux chacals, les autres par les carcasses des bateaux que les hyènes boches, de beaucoup les plus inhumaines, ont allongées sur le fond des océans. Or ce sont ces pistes du large qu'il s'agit de garder contre l'engeance immonde, résultat que l'on poursuit en les faisant méthodiquement nettoyer par des patrouilles de chalutiers. Ceux-ci vont toujours par deux, afin que l'un puisse repêcher l'équipage de l'autre quand il saute, ce qui arrive avec une déplorable fréquence. Car je ne sache pas de service aussi pénible que celui de ces petits balayeurs des mers, ni de personnel plus méritant que le leur.

Mais, le plus sûr moyen de se défendre consistant à attaquer, derrière les croisières de surveillance il y a des escadrilles de chasse qui battent l'estrade sans trêve ni repos, par tous les temps — le matelot appelle ça « bouffer de la mer » — avec mission de se précipiter à tout risque, partout où il y a le moindre motif de soupçonner la présence d'un « Guillaume ». Témoin notre *Rigel.* Ajoutons à cela des barrages aux bons endroits, avec avions éclaireurs dont les yeux plongent d'autant plus bas dans l'eau qu'ils s'élèvent davantage, du moins jusqu'à une certaine limite, et pourvus de bombes qui sont la terreur des submersibles, ainsi que des relais de T. S. F. pour signaler leur passage.

Tel est le réseau dont il a fallu couvrir certains bassins pour que la navigation n'y soit pas trop entravée par la piraterie allemande. Réseau qui sert non seulement à arrêter les sous-marins, mais aussi à porter secours où il est besoin. A cet effet, les bâtiments de veille sont disposés de telle sorte que, sans être visibles aux paquebots ou affrétés qui vont leur chemin, et par suite se croient souvent abandonnés à eux-mêmes, deux d'entre eux puissent toujours être rendus sur le lieu d'un torpillage, moins de deux heures après un appel. Et pour que rien n'empêche cet appel d'être lancé, tous les vapeurs prenant charge sont ou vont être pourvus d'appareils de T. S. F. supplémentaires, avec accumulateurs dans les hauts, de façon que, même les antennes fixes venant à se briser comme sur le *Gallia*, il soit encore possible de prévenir les sauveteurs à portée. Étant donné qu'on ne saurait toujours empêcher un hasard malheureux, il importe surtout que les embarcations et radeaux chargés de naufragés soient recueillis au plus vite, et les manquements à cette condition essentielle deviennent heureusement de plus en plus rares.

Mais se rend-on compte du surmenage inouï que représente pour nos marins l'accomplissement d'une aussi lourde tâche, n'admettant ni défaillance ni seulement une seconde d'inattention? Et quel rôle ingrat! Condamnés à déployer un héroïsme dont nul ne soupçonne la grandeur, les admirables équipages qui s'y dévouent n'ont même pas la satisfaction de se battre, sinon contre des fantômes rien moins qu'inoffensifs, et quand ils succombent dans leur lutte contre l'insaisissable, disparus à la suite de quelque drame effroyable où l'eau et le feu se sont disputé leur agonie, il n'est même pas permis de dire pourquoi ni comment ils sont tombés. Morts pour la France, c'est tout ce qu'on en sait... Du moins l'épisode dont les circonstances m'ont autorisé à entreprendre le récit montrera-t-il leur inébranlable contenance en face du danger suprême.

VI

TORPILLE PAR TRIBORD !

Or, que s'est-il produit, quand le *Rigel* a fait le signal S. O. S., suivi de la latitude et de la longitude indiquant sa position exacte ? A vingt et quelques milles de lui se trouvait une paire de ces chalutiers dont nous parlions tout à l'heure : le *Fier* (lieutenant de vaisseau d'Harcourt, fils du colonel qui a repris du service à soixante-huit ans et vaillamment combattu à la bataille de la Marne) et le *Héron* (premier maître Courlier). Avant d'entendre l'explosion, le *Fier* a vu jaillir un panache de fumée à l'horizon et, se doutant de quelque chose, s'est hâté d'accourir. Arrivé une heure et demie après, il prend aussitôt le *Rigel* à la remorque, tandis que le *Héron*, survenu un peu ensuite, décrit des cercles de couverture autour du couple en marche.

Vers 11 heures et demie, deux grosses fumées annoncent la *Catapulte* et l'*Arquebuse*, contre-torpilleurs à 30 nœuds de vitesse qui rallient à la demande de secours. Mais le sous-marin les a reconnus aussi. Quoique éclipsé depuis 10 heures et demie, il est resté à portée, rôdant autour du

Rigel qu'il voudrait bien achever. Avant que soient là les deux grands lévriers devant lesquels il ne lui restera qu'à disparaître dans les profondeurs, il a malheureusement le temps de se rapprocher en catimini, de donner les coups de périscope indispensables, d'ailleurs suffisamment courts et bas pour ne pas se trahir, et de se mettre en position de lancement. Ce qui n'est pas du tout aussi simple qu'on serait tenté de le croire. Il faut en effet un certain nombre de conditions assez difficiles à remplir simultanément, entre autres tenir le but droit dans la direction du tube de lancement, sans pour cela que le sous-marin prenne la mer ou le vent sous un angle qui puisse rendre sa plongée dangereuse une fois le coup parti. C'est ce qui explique le temps écoulé entre la première et la seconde torpille de l'Allemand. A une heure et demie, celle-ci part enfin, à 600 mètres. Elle vient par tribord, droit vers l'arrière, encore plus distinctement reconnaissable que la première, sans doute parce que réglée à son minimum d'immersion. Le commandant Vandier essaye d'embarder sur la droite, pendant que ses hommes suivent la trajectoire avec l'intérêt passionné de parieurs assistant à un match. Un instant on peut espérer qu'elle passera derrière. Et ce sont des cris de : « Passera ! Passera pas ! » comme si ce ne fût pas question de vie ou de mort pour ceux qui regardaient. Mais, bridé par la remorque, le *Rigel* est trop lent à évoluer et encaisse dans son dernier compartiment.

Beaucoup plus violente que l'autre, l'explosion a rasé tout l'arrière. Sept hommes sont tués, dont trois dans le poste de la barre à bras que le gabier Charrier refuse de quitter, bien que blessé et le tympan crevé. L'enseigne Berton, qui était dans les fonds, se retrouve en haut d'une échelle. Projeté par le souffle vers l'avant, l'armement de la pièce de retraite revient immédiatement à son canon et tire d'après les indications de quelqu'un dans la hune. Aucune panique. De la gaieté, plutôt, ce qui est le propre des braves, et il n'en manque pas à bord du *Rigel*, où se trouvent pas mal d'hommes provenant de la brigade des fusiliers marins. Le *Fier* a largué la remorque pour foncer sur le sous-marin, en même temps que le *Héron*. Mais tous deux font buisson creux.

Dix minutes plus tard, rejoignent les contre-torpilleurs qui se lancent à 30 nœuds sur la même trace, en jetant des grenades. Pendant une heure, les quatre bateaux sillonnent la mer en tous sens, la creusant d'innombrables rides qui s'entre-coupent. On croirait une fantasia navale. Une seconde seulement, la *Catapulte* aperçoit quelque chose de brillant au ras de l'eau. Serait-ce un de ces jeux de verre dont il a été question, emboutis au sommet du kiosque et par lesquels on pourrait prendre vue sans émerger ni sortir de périscope? Des spécialistes faisant autorité dans la matière préfèrent admettre une extrême habileté de la part de certains commandants qui seraient parvenus à manier ce dernier avec assez de précision et de rapidité pour ne pas donner le temps de le surprendre en action. Or on sait que le commandant de l'*U-35*, *Leutnant zur See* Arnauld de La Perrière — descendant de réfugiés français — est un des plus retors parmi les flibustiers allemands.

Il est environ 3 heures de l'après-midi quand rappliquent de nouveaux secours. Ce sont les canonnières la *Bouffonne*, la *Friponne* et la *Diligente*, puis la *Bellatrix*, sœur du *Rigel*. Le sous-marin ayant complètement disparu, il ne reste plus qu'à tâcher de ramener celui-ci au port, si faire se peut. En tout cas le salut de son équipage se trouve assuré. Huit bâtiments sont arrivés à la rescousse, deux en moins de deux heures, deux autres avec un intervalle un peu plus long et les quatre derniers au bout de cinq heures, assez tôt par conséquent pour sauver tout le monde, s'il se fût agi d'un transport même bondé de troupes. Preuve que joue bien le système dont nous avons tenté de donner une idée. Et l'histoire du *Rigel* se terminerait là s'il eût réussi à gagner la côte. Mais, comme il était trop désemparé pour aller bien loin, nous allons le suivre jusqu'au bout, afin de saluer son émouvante disparition.

VII

LA FIN GLORIEUSE DU « RIGEL »

Le soir est venu. Un moment, les gloires d'or émises par le soleil couchant ont pavoisé le navire blessé à mort, pour qui la lune a ensuite exécuté sa large symphonie en blanc. Apothéose après laquelle la nuit a tendu de crêpes violets la scène où va s'achever le sacrifice, à la lueur des étoiles en veilleuses. La *Bellatrix* a pris le *Rigel* à la remorque, tandis que le *Héron* se tient à son côté, prêt à embarquer l'équipage quand il sera nécessaire. Alentour veillent les contre-torpilleurs, les canonnières et le chalutier *Fier*, tous feux éteints, de manière à demeurer inaperçus. Funèbre cortège! Et je passe sur les difficultés de manœuvre et dangers d'abordage dont ceux de la partie seraient seuls capables de se rendre compte. De plus en plus s'enfonce le *Rigel*, que son commandant ne peut pas se décider à abandonner. Penché sur la cale, un énorme trou tout noir, il écoute anxieusement le sinistre clapotis de l'eau qui s'y engouffre, faisant pression contre les dernières cloisons qui tiennent encore le bâtiment à flot. Quand elles cèderont, ce sera la fin de tout, la grande descente en tourbillon dans l'abîme, et la chose ne saurait plus tarder beaucoup...

Arrive enfin l'instant d'évacuer en toute hâte, opération qu'il faut effectuer sans rien allumer, pas même un fanal, à cause du sous-marin que la lumière pourrait ramener. Tout le monde ayant transbordé sur le *Héron*, celui-ci coupe les aussières qui le tenaient accosté au *Rigel*, où restent les quelques mètres de corde ayant servi au tournage. Une de ces amarres était à la charge d'un gabier dont je regrette de ne pas connaître le nom, un de ces hommes entêtés jusqu'à l'héroïsme dans leurs humbles devoirs, comme il y en a tant chez nos marins. Ne voulant à aucun prix laisser perdre son bout de filin, il saute le reprendre à bord du *Rigel* en train de couler, et, pour le ravoir — lui — le *Héron* est obligé d'exécuter une manœuvre des plus risquées.

Le capitaine d'armes fait alors l'appel général. Les morts et les blessés, on les connaît déjà. Mais personne ne sait ce qu'est devenu le fusilier Prigent. Disparu avant l'évacuation, suppose-t-on, car l'ordre en a été tellement crié haut, sifflé et répété, suivi de rondes si minutieuses, la dernière par le commandant lui-même, qu'il semble impossible d'avoir oublié quelqu'un. Or, par la suite, avant que le *Rigel* ne sombre tout à fait, on entend la flaquée d'une bouée-radeau tombant à la mer, et, comme il est invraisemblable qu'elle se soit détachée toute seule, un youyou va voir. Et que trouve-t-il dessus? Le fusilier Prigent. Un ancien mitrailleur à la brigade, qui en a vu bien d'autres. N'ayant plus rien à faire qu'attendre l'inévitable, il s'était proposé de se livrer à un petit somme, et si bien caché pour ne pas être dérangé que personne ne l'avait découvert. Il y serait encore, endormi à jamais, si l'eau ne fût montée le réveiller, juste à temps pour nous conserver un brave de plus.

A 10 h. 35, le navire se mâtait brusquement, l'avant cabré vers le ciel — c'est leur geste à tous quand ils vont mourir, les bateaux — et disparaissait très vite, brisé par le milieu. Deux bouées-couronnes à acétylène flottèrent après lui, et s'allumèrent, semblables au reflet d'une étoile double, comme la belle étoile blanche et bleue dont le *Rigel* portait le nom — une des plus brillantes du ciel, dans la constellation d'Orion. Et, d'ores en avant, lorsque nos jeunes officiers l'observeront au sextant, ils se souviendront avec fierté du vaillant petit bateau, chasseur de « Guillaume », qui courut au-devant de sa perte pour essayer de sauver un grand paquebot chargé de soldats. Car c'est ainsi que la marine comprend et remplit son rôle de sœur de notre incomparable armée.

NOËL DE CHALUTIERS

En ce moment où, malgré les angoisses de l'heure présente, un peu de la liesse traditionnelle à pareille époque se retrouve jusque dans les tranchées de première ligne, que font-ils, ces enfants perdus de la mer dont on n'entend jamais parler que quand il leur arrive malheur? Exactement comme tous les autres jours depuis la guerre. Car, fête ou non, les navires qu'ils ont mission de protéger n'en continuent pas moins leur route, et, de même que la chasse aux pirates boches, la lutte avec les éléments n'admet pas une seule heure de trêve. De sorte que, pour nous représenter la manière dont nos héroïques petits chalutiers passent la Noël, il suffira de relire leurs derniers envois.

Oh ! ces lettres écrites en plein bourlingage, sur des tables auxquelles on est obligé de se cramponner à chaque instant ! Rien que de les ouvrir, il semble que le plafond se mette à danser, en même temps que vous montent aux narines toutes les âcres senteurs du large...

Prenons celle-ci par exemple, qui remonte à un mois, mais pourrait aussi bien dater d'hier. Rédigée en style télégraphique — on a si peu de loisir et de commodité pour soigner son courrier, là-dessus ! — elle me vient de la *Marie-Rose* (enseigne de vaisseau Augé, commandant), une de nos petites unités ayant le plus brillamment participé au sauvetage de l'armée serbe. J'espère que mon correspondant m'excusera d'en publier un fragment qui, mieux que n'importe quel récit de seconde main, va nous donner une idée de l'existence que l'on mène à bord des flottilles contre sous-marins.

« Arrivé à Milo le 21 à 7 heures. Procédé aussitôt à l'embarquement du charbon, ainsi qu'à la visite urgente d'un cylindre. A peine en train, je reçois l'ordre du commandant du cuirassé *Henri IV* de repartir avec le convoi des vapeurs *Junona* (russe) et *Eugène Grosos* (français) au plus tard à midi, afin de traverser de nuit la zone... (inutile de la désigner). Il sera impossible de nous ravitailler en eau douce. (Comme on le voit, les chalutiers moisissent peu sur rade, et n'abusent pas du « rafraîchissement » que goûtent périodiquement nos poilus. Quant aux « permes », ils ne les connaissent que de nom.) A midi, ayant terminé charbon et remontage, pris l'escorte du convoi.

» Dès la sortie de Milo, mer très houleuse de S.-S.-O., allant en se creusant. Atteint l'île... à 23 heures. Le bâtiment donne de violents coups de roulis avec brusques rappels (le mouvement d'une poêle à faire sauter les crêpes, pour ceux qui en ignorent). Nous embarquons beaucoup (d'eau, sous-entendu). A 23 h. 30, le mât de flèche de misaine casse et tombe avec l'antenne de T. S. F. Saisi le tout aussi bien que possible dans l'obscurité (interdiction de rien allumer, crainte d'attirer les requins allemands).

» Le 22 à 4 heures, un formidable paquet de mer couvre tout l'arrière et enlève une de nos grenades spéciales. L'engin explose, ce qui fait terriblement vibrer le bateau. Visite générale pour vérifier s'il ne s'est produit aucune voie d'eau. Rétabli l'antenne sur le bas mât.

» Le 23, rien de particulier. Gros mauvais temps. Le 24, convoyé en exécutant des lacets pendant le jour (afin de dépister un sous-marin qui se trouve par là, ainsi que nous allons le constater). Le temps beausit un peu. A 6 h. 45, le 25, à 4 milles dans le N.-O. du cap Bon (côte de Tunisie), opéré ma jonction avec le chalutier *Liberté*. Je lui remets le convoi et vire de bord pour faire route au S.-S.-E. (direction de Malte). Ciel tout blanc, mer clapoteuse du S.-E. A 9 h. 25, l'homme de vigie signale « quelque chose » par bâbord devant. On dirait une embarcation chavirée, mais qui s'allonge en émergeant, et présente bientôt la silhouette d'un submersible. Distance approximative, 8 000 mètres. Mis le cap dessus à toute vitesse. En même temps lancé un « Allô ! » pour prévenir à la ronde. Ouvert le feu avec ma pièce de 95. Coup très bon en direction, un peu long. Le sous-marin commence à s'enfoncer rapidement. Nouveau coup à 6 500 mètres. Mais les 25 secondes que dure le trajet du projectile laissent le temps à l'ennemi de disparaître.

Continué sur lui, prêt à lancer mes grenades. A 9 h. 40, à 2500 ou 3000 mètres, le sommet de son kiosque reparaît à une trentaine de degrés sur ma gauche. Vision très fugitive, comme d'un écueil sur lequel la mer briserait. Tiré deux coups dont les gerbes d'éclatement ne se produisent qu'après un nouvel et définitif évanouissement du but.

» Resté patrouiller jusqu'à la fin de la journée. A 18 heures, repris la route à l'Est. Mer grosse de N.-N.-O. Violents coups de roulis et forts paquets Plusieurs vapeurs franchissent la zone. »

Besogne aussi ingrate que pénible, avec toutes les chances possibles de finir par « boire sa propre rinçure », comme dit familièrement le matelot, à la suite de quelque tragique aventure telle que heurt de mine, coup de torpille, ou un de ces abordages toujours à redouter la nuit, quand on est obligé de naviguer sans feux. Maintenant, pour reporter ce qui précède aux entours de la Noël, il ne serait besoin que d'y ajouter quelques lignes dans le genre des suivantes :

« Le 24, au changement de quart de 23 heures, servi une double ration de vin chaud à l'équipage. Mais, comme fait exprès, une lame gicle par-dessus le bastingage, dont les embruns viennent saler le précieux nectar dans les moques. — La faute à ce cochon de Guillaume ! — s'écrie un loustic. Car tout ce qui arrive de désagréable est régulièrement porté au compte de ce sinistre personnage. Après quoi la bordée non de quart est envoyée se coucher jusqu'à 4 heures. Roulé à faire cuiller des deux bords. »

Et si, à terre, nous avons la possibilité de célébrer Noël par l'envoi de douceurs sur le front, n'oublions pas que nous en sommes surtout redevables aux petits chalutiers, toujours à la peine et jamais à l'honneur. C'est en effet grâce à leur inlassable dévouement que nous continuons de recevoir, non seulement de quoi tenir tête à nos ennemis, mais tout ce qui nous permet de vivre à peu près comme auparavant, tandis qu'eux, les maudits, se serrent chaque jour le ventre d'un cran de plus. Je pourrais même ajouter qu'on leur doit, à ces admirables serviteurs du pays, jusqu'au papier et à l'encre avec lesquels il m'est permis de rappeler leurs mérites. Voilà pourquoi il n'est que justice de les associer ici aux innombrables héros pour lesquels prient ceux d'entre nous qui savent encore, et dont les autres se souviennent avec autant de tendresse que de religieuse fierté, en ce troisième Noël de guerre.

A TAHITI

I

A L'AUTRE BOUT DU MONDE

L'attaque de Tahiti par des croiseurs ennemis, au début des hostilités, ne représente évidemment qu'un très minime épisode du gigantesque drame en cours. Il m'a pourtant semblé que quiconque a lu le *Mariage de Loti*, autrement dit tout le monde, ne serait peut-être pas fâché de connaître le chapitre que lui ont ajouté les Allemands. Une autre raison d'en parler est que nous y trouverons un nouvel exemple de l'incroyable variété des services que nos marins sont capables de rendre au pays. M'en tenant aux faits sur lesquels je suis exactement renseigné, j'aurai d'ailleurs soin de ne m'occuper ici que de la part qui leur revient dans la défense de la Perle de l'Océanie.

Or, le samedi 1er août 1914, tandis qu'il faisait grand jour en France, où la mobilisation générale nous faisait tous courir aux armes, à Tahiti c'était la nuit, et on dansait sur le *Montcalm*, croiseur amiral de la division d'Extrême-Orient.

Car l'île ne possédant encore ni câble sous-marin ni appareils de T. S. F., on y était très mal au courant de ce qui se passait en Europe. Loin d'avoir aménagé notre colonie en base navale de premier ordre, ainsi que le commandaient sa situation exceptionnelle au milieu du Pacifique oriental et la prochaine ouverture du canal de Panama, nous avions au contraire poussé l'aberration jusqu'à désarmer la vieille et unique batterie du mont Faiere, et à retirer la faible garnison qui l'occupait de mon temps. De sorte que la Nouvelle-Cythère avait eu beau devenir française, elle demeurait presque aussi isolée du reste du monde, aussi délicieusement sauvage et aussi facile à prendre qu'à l'époque de Wallis, de Bougainville et de Cook.

Les nouvelles apportées par le dernier courrier venu d'Auckland ont bien appris l'attentat de Serajevo, et les vagues radios émis par le poste d'Honolulu, que captent les antennes du *Montcalm* depuis qu'il est en relâche dans l'île, indiquent une situation de plus en plus tendue. Mais personne ne sait rien de précis, et le charme de ce petit paradis continuant d'opérer sur ses hôtes de passage, on danse.

II

UN BAL A BORD

Un bal à Tahiti ! Pas de souvenir plus étrangement exquis, parmi tous ceux que puisse se remémorer un ancien marin comme moi, quand il repasse le cours d'une carrière cependant riche en spectacles rares. Aussi me suffit-il de fermer les yeux pour revoir cela d'ici. Une nuit tiède et parfumée, dont les étoiles ont un éclat que nous ne connaissons pas aux nôtres, et répandent sur toutes choses la sorte de clarté mystérieuse qui tombe d'une herse de théâtre descendue au bleu. Une de ces nuits comme celle chantée par le poète quand une amoureuse enfant, fille d'une autre petite île, lui demandait :

— A nos nuits si belles,
Les nuits de ton pays sans moi ressemblent-elles?

Pour salle de fête, le pont du navire, mais disparaissant sous les verdures exotiques et les pavillons de toutes couleurs. Aux lointains, la ligne blanchissante du grand récif extérieur, barrière contre laquelle vient inlassablement se briser la houle du large, avec une plainte qui ne se tait jamais. Comme toile de fond, la prodigieuse silhouette du Diadème, surgissant parmi les reliefs fantastiques d'une terre bouleversée par quelque cataclysme antédiluvien, et parée de la trop lourde chevelure dont la coiffe une végétation surabondante, aux senteurs violentes. Quel contraste avec les mornes étendues de mer qu'il a fallu franchir pour arriver jusque-là, 8000 kilomètres (depuis Magellan seulement) de solitudes océaniques, sur lesquelles règnent exclusivement la tempête et ses sinistres coryphées, les albatros à la rauque chanson. Car ce soir,

... on n'entend plus que le frôlement des étoffes légères, le vol des grands phalènes qui viennent effleurer de leurs ailes la flamme des bougies, et le bruissement lointain du Pacifique...

(P. Loti.)

Dans ce décor de féerie, couronnées de fleurs fraîches qui embaument et vêtues de longues tuniques de mousseline à fleurs peintes, les Tahitiennes semblent les danseuses d'un ballet de fleurs vivantes. Non qu'elles soient plus jolies ni plus savamment coquettes que les femmes d'ailleurs, ainsi qu'il est aisé de s'en rendre compte d'après les photographies rapportées de là-bas. Ni que leur extrême facilité à s'abandonner leur confère un attrait de plus, étant donné qu'on en trouve partout d'encore moins farouches. Non. La fascination propre aux filles de Tahiti, je me l'expliquerais plutôt par une parfaite eurythmie avec la nature encore vierge qui leur sert de cadre. Les Grecs n'auraient pas manqué d'en faire des nymphes ou des sirènes, possédant quelque philtre au merveilleux pouvoir. Quand on y aborde, c'est en effet comme si l'on se sentait tout d'un coup ramené aux âges préhistoriques où nos ancêtres ne connaissaient d'autres mobiles à leurs actions que les libres impulsions de l'instinct. Et même l'Européen le plus blasé éprouve une surprise voisine du ravissement, en retrouvant, chez les heureux insulaires de la mer du Sud, la naïve spontanéité, l'insouciance et la joie de vivre que goûtait l'humanité primitive, tout au moins dans certaines régions privilégiées. Voilà ce qu'évoquent les adorables petites sauvagesses de la Polynésie et, je crois, le secret de leur irrésistible séduction.

III

LA « ZÉLÉE »

Mais passons sur les enchantements de cette adaptation océanienne du *Songe d'une nuit d'été*, donnée pour les adieux du croiseur amiral, dont le départ était fixé au lendemain soir 2 août. Il allait à Raïatéa, une des îles Sous-le-Vent, où devait également se rendre la *Zélée*, qui sera l'héroïne de ce petit récit. Stationnaire de Tahiti depuis une quinzaine d'années, c'était une vieille canonnière de 680 tonneaux, portant deux canons de 105, quatre de 65 et six de 37. État-major : lieutenant de vaisseau Destremau (commandant), enseignes de vaisseau Barbier (second), Charron, Barnaud, Dyèvre et Le Breton, médecin de 2e classe Michaud. Elle marchait dix nœuds à tout casser, et avait comme agréable mission de courir les archipels nous appartenant. Constamment en avaries du reste, par suite de ses trop longues navigations coloniales. Elle paraissait destinée à finir comme ponton, amarrée à quatre sous les cocotiers de Fare-Ute, l'ancien arsenal de Papeete, quand la guerre vint lui apporter la gloire inattendue d'être coulée à coups de canon par l'ennemi.

A cause de son peu de vitesse, elle avait appareillé douze heures d'avance et restait à 40 milles d'Uturoa, le mouillage de Raïatéa, lorsque le grand collecteur de vapeur vint à crever, heureusement sans blesser personne. Mais le *Montcalm* arrivait à point pour lui donner la remorque, alors qu'on avait déjà établi toute la voilure, et, le calme étant survenu, envoyé une baleinière chercher le secours de quelque goëlette à moteur. Et si je relate l'incident, c'est afin de montrer comme la marine française était pauvrement représentée, dans une partie du monde où elle a tenu jadis les grands premiers rôles, avec des chefs d'emploi qui s'appelaient Bougainville, La Pérouse, Dumont d'Urville et Dupetit-Thouars.

A Uturoa, les informations que le *Montcalm* reçoit par T. S. F. deviennent tellement inquiétantes qu'il décide de rabattre sur Nouméa, suivant ses instructions en cas de guerre. Quant à sa conserve, ordre lui est donné de rallier Tahiti aussitôt prête, et de faire pour le mieux. « Débrouille-toi toi-même » est et restera toujours la principale maxime à l'usage du marin.

Ce fut seulement le 7 que la *Zélée* put regagner sa base, où elle était d'autant plus impatiemment attendue que le consul d'Angleterre venait de recevoir avis de la déclaration de guerre. (Paris avait tout simplement oublié de prévenir nos colonies du Pacifique.) Et, à l'exception de soixante coloniaux, tout récemment envoyés de Nouméa avec le sous-lieutenant Lorenzi, la petite canonnière constituait le seul élément sur lequel il fût possible de compter pour l'organisation d'une défense quelconque. Car on avait reconnu, un peu tard malheureusement, l'erreur commise en laissant Papeete « ville ouverte ». Comme si les Allemands étaient capables de respecter quelque chose !

Malgré l'opposition d'une partie de la population européenne — toujours et partout les pacifistes quand même — il s'agissait donc de se mettre tant bien que mal, mais surtout dans le plus bref délai, en mesure de tenir à distance les bâtiments qui se présenteraient avec de mauvaises intentions.

IV

L'ENNEMI

Les seuls à prévoir étaient les croiseurs de la division allemande de l'Asie orientale (et du Pacifique) : *Gneisenau* et *Scharnhorst* — grands croiseurs cuirassés de 11 500 tonnes, filant 22 nœuds et portant huit canons de 210, six de 150, vingt de 88, quatre de 37 — *Emden*, *Nürnberg* et *Leipzig* — petits croiseurs protégés ayant 3 500 tonneaux, 24 nœuds de vitesse, six pièces de 105 et huit de 52 — tous les cinq à large rayon d'action (1). A notre opposé, l'Allemagne avait choisi ce qu'elle avait de mieux pour la représenter au loin.

Il va sans dire que, grâce à un réseau d'espionnage et de T. S. F. couvrant le monde entier, l'amiral von Spee, qui commandait en chef, était tenu au courant des moindres déplacements des navires de l'Entente, tandis que ceux-ci demeuraient dans la plus complète ignorance des siens. A telles enseignes que, sitôt la guerre déclarée, l'es-

(1) On sait comment ils ont fini : l'*Emden* coulé par le *Sydney*, le 10 novembre, à l'île des Cocos, les quatre autres au combat des îles Falkland, le 8 décembre 1914.

cadre australienne allait chercher le *Gneisenau* et le *Scharnhorst* dans les parages de la Nouvelle-Guinée, pendant qu'ils se cachaient à Ponapé des Carolines. Bientôt rejoints par le *Nürnberg* et des ravitailleurs, les deux croiseurs cuirassés en quittaient le 6 août (1), se rendant aux îles Marshall et de là vers les Samoa, dont ils avaient appris en route l'occupation par les Anglais. Sachant le gros des forces navales australiennes déjà reparti, ils espéraient sans doute y surprendre quelque attardé. Mais la rade d'Apia était vide, et devant les canons que les Néo-Zélandais pointaient déjà sur eux, ils n'insistèrent pas et mirent le cap à l'Est. Quant à l'*Emden* et au *Leipzig*, l'un allait écumer la mer des Indes : parti du Mexique, l'autre piquait sur Magellan, capturant ce qui passait à sa portée.

J'imagine que les ordres de l'amiral von Spee devaient lui prescrire de tenter l'impossible afin de rentrer en Allemagne avec ses gros croiseurs. Faire bien entendu tout le mal qu'il pourrait au commerce ou aux possessions de l'ennemi, mais sans compromettre inutilement deux excellents navires qui ne seraient pas de trop pour renforcer le *Hoch See Fleet*. Or, nos archipels des îles Sous-le-Vent, de la Société et des Marquises allaient malheureusement se trouver sur son chemin.

(1) Pour plus de détails sur l'itinéraire de la division von Spee dans le Pacifique occidental, voir la très intéressante étude de M. Hubert F... intitulée *la Guerre navale (mer du Nord et mers lointaines)*, chez Payot.

V

PRÉPARATIFS DE DÉFENSE

A Tahiti, où la T. S. F. ne sera installée (enfin !) que le 4 septembre, tout ce que l'on sait des Allemands, c'est qu'ils peuvent survenir d'un moment à l'autre. Pas une minute à perdre pour se préparer à les recevoir. Aussi, dès le retour de la *Zélée* au chef-lieu, le commandant Destremau avait-il pris les fonctions de commandant d'armes et commencé les travaux de défense. Et disons tout de suite que ce sera à son énergie et à sa présence d'esprit (1), ainsi qu'à l'ardente bonne volonté de ses collaborateurs les plus immédiats, jeunes enseignes et matelots, que l'île devra d'éviter le pire.

Voici comment on y parvint. De même que les autres terres de l'Océanie tropicale, Tahiti est entourée par une redoutable ceinture de madrépores qui

(1) Qu'il nous soit permis de rendre ici un juste et suprême hommage à la mémoire du commandant Destremau, qui fut emporté par la maladie à peine rentré en France, avant d'avoir reçu la récompense qu'il méritait, comme l'un de ceux ayant le mieux su s'élever à la hauteur de leurs devoirs, lorsque l'heure du grand danger sonna pour la France.

s'avance à un ou deux kilomètres du rivage. Cette sorte de rempart sous-marin n'offre qu'un petit nombre d'étroites coupures, lesquelles permettent l'accès d'autant de mouillages à l'intérieur du récif. Pratiquement, le port de Papeete était le seul dont il convînt de se préoccuper, à cause de ses ressources en vivres et en charbon, sans compter la contribution que l'on pourrait lever sur la ville. Mais, pour y pénétrer, force est de prendre un chenal n'ayant qu'environ 80 mètres de large et 12 à 15 de profondeur — juste de quoi donner passage aux grands croiseurs allemands — chenal impossible à suivre autrement qu'en se plaçant exactement dans l'alignement de deux pylônes élevés à terre. Rien de plus facile par conséquent que de rendre la passe impraticable, soit en abattant les marques qui la jalonnent, soit en coulant un navire au milieu, ou encore en y plaçant des torpilles dormantes. Faute du matériel nécessaire à la pose de ces dernières, on se contenta de miner les pylônes et de tenir la *Zélée* prête à se porter au bon endroit pour y être coulée. Il n'en fallait point davantage pour empêcher l'ennemi d'entrer, aussi longtemps toutefois qu'il ne serait pas parvenu à dégager ou à baliser la passe.

Il était beaucoup moins commode de prévenir un bombardement du large, ou l'envoi d'embarcations portant des hommes chargés d'exécuter un coup de main. En vue de parer à ce double danger dans la mesure de ses faibles ressources, Destremau fit débarquer les canons de la *Zélée* et les mit en batterie sur le Faiere, en arrière de la ville. Bien peu de chose, contre l'artillerie des croiseurs boches, mais probablement assez pour arrêter leurs embarcations. Dans le cas où celles-ci réussiraient à passer outre, la plage devait être défendue par un petit corps de troupes. Composé de 40 marins, 60 coloniaux et 50 volontaires, son nombre avait été limité par celui des fusils, 150 seulement ! que possédait la colonie. Il était complété par un groupe de cyclistes, et le soutien de six pièces de 37 montées sur autos lui permettait de résister à toute tentative de descente. Enfin, on avait disposé des foyers d'incendie dans l'énorme tas de charbon (6000 mètres cubes) de Fare-Ute, objet le plus probable des convoitises allemandes. Avec l'installation de postes de vigies et d'un service de surveillance, c'était à peu près tout ce qu'il y avait moyen de faire, pour remédier à la coupable imprévoyance qui laissait l'île sans pareille exposée à toutes les insultes de l'ennemi.

VI

PRISE DE LA « WALKURE »

Le 11 août, alerte ! On a signalé une fumée à l'horizon, et toute la population s'est précipitée sur le quai. Ce n'est que le *Saint-Joseph*, de la compagnie Ballande, venant de Nouméa. Mais on apprend, par une goëlette arrivée le même jour, qu'un grand cargo allemand, la *Walküre*, charge des phosphates à Makatea, des îles Paumotu. Car ce n'est jamais nous qui exploitons nos colonies, malgré qu'elles nous coûtent assez cher. Et, comme le navire sera de bonne prise, on décide d'envoyer la *Zélée* le capturer.

Déjà aux trois quarts vide, la petite canonnière est immédiatement remise en état de faire la traversée (125 milles). Il lui reste précisément son 105 de l'avant, très suffisant pour avoir raison d'un bâtiment de commerce ; trente-cinq hommes de l'équipage sont embarqués avec un état-major réduit et le docteur Bachimont, médecin de colonisation. On prend six fusils, des revolvers et des vivres pour huit jours, n'oubliant que le cuisinier et ses ustensiles. Appareillée dans le courant de l'après-midi, la *Zélée* se trouvait le lendemain matin devant Makatea. L'enseigne de vaisseau Dyèvre va nous conter le reste :

« Vers les 5 heures, un homme me réveille en sursaut. — Lieutenant, il est là ! — Qui ça? — Le boche. — Je saute sur la passerelle. Il ne fait pas encore jour, mais on distingue les feux d'un navire au mouillage. Nous stoppons. Une baleinière est armée, dans laquelle je saute avec un détachement et le docteur Bachimont comme interprète. Une demi-heure plus tard, nous étions le long de l'allemand. Je monte à bord et trouve le capitaine en train d'enfiler un pantalon, complètement ahuri. Je lui annonce la guerre : — Encore la faute à l'empereur ! — bafouille-t-il. — Vous autres officiers, vous êtes heureux, c'est votre métier. Mais nous ! J'ai toutes mes économies dans des compagnies de navigation. Je vais donc être ruiné !... Allons ! Si vous voulez bien, nous nous traiterons en marins, et non en ennemis. Venez prendre un verre de bière. » Inutile d'ajouter que l'invitation fut déclinée. Mais comme c'est bien partout le même Boche qui, dès qu'il ne se sent pas le plus fort, se met à ramper et à faire le bon apôtre, prêt, dans le cas contraire, à tout piller et à tout massacrer avec des raffinements de Peau-Rouge... »

Jaugeant 10000 tonnes, la *Walküre* était une superbe proie. Elle avait un équipage de trente-deux hommes, dont vingt Allemands, le reste appartenant à des nations alliées de la nôtre,

Anglais principalement. Aussitôt les feux poussés, départ pour Papeete, la prise en tête, de manière à la garder sous la menace de l'unique canon de la *Zélée*, lequel se trouvait être sa pièce de chasse. Quinze de nos hommes étaient passés sur l'allemand, que commandait maintenant l'enseigne Dyèvre. « Pendant la nuit — continue-t-il un peu plus loin — on me prévient qu'il se passe un drame dans les fonds. Je descends et trouve les chauffeurs complètement ivres. Ils étaient dix, choisis parmi les non-Allemands de la *Walküre*. Ils avaient dévalisé la cave du capitaine et bu une soixantaine de bouteilles de bière. Il fallut les menacer du revolver pour les faire rentrer dans l'ordre. Et le capitaine me disait narquoisement : — Je vous conseille de vous méfier de vos alliés. Ils sont tous comme ça. »

VII

LES « FEII »

Nous avons vu qu'on avait eu grand'peine à réunir cent cinquante fusils dans la colonie. Parmi les volontaires appelés à s'en servir, il y avait d'abord des réservistes européens, dont les tenues étaient aussi variées que pittoresques. Entre autres un habitant de la montagne, devenu à moitié sauvage — mais dans le bon sens du mot, pas comme les Boches — qui arrivait les pieds nus dans des espadrilles, la chemise largement ouverte sur sa poitrine velue, barbe et cheveux en forêt vierge, toujours avec un lapin ou un poulet étranglé sous le bras. Les indigènes s'étaient offerts, eux aussi, en masse, mais il avait fallu se limiter à quelques dizaines. A cause de la couleur de leur costume, pantalon et vareuse de toile kaki, on les appelait les « feii », du nom qu'ils donnent à l'espèce de banane qui constitue un de leurs principaux aliments. Tous beaux comme des bronzes antiques, du reste, et montrant non moins de courage que d'adresse.

« A 6 heures, chaque matin — écrivait l'enseigne Barnaud, qui commandait la troupe — tout le monde était réuni dans la cour de la caserne (ex-asile des aliénés) et partait en manœuvre au son de notre unique clairon. Derrière lui venaient une bique blanche et le chien Fayot, lequel, bien que borgne et boiteux, se croyait obligé de ne pas manquer un exercice. » On traversait la ville endormie pour prendre, soit la route du rivage, bordée de cocotiers et hantée par les crabes tourlourous, soit celle conduisant à la cascade de la Faotaoua,

> ... *qui tombe là-bas, en dessous du vieux monde, troublant de son grand bruit monotone cette nature si profondément calme et silencieuse...* (P. Loti.)

Une avenue que des manguiers et des mapés géants, dont les hauts branchages se rejoignent, font ressembler à une nef de cathédrale. « Et alors, c'était le service en campagne, les faufilements dans les champs de vanille, les déploiements sur la grève, les simulacres de combat au milieu des cannes à sucre. En revenant, par un soleil déjà brûlant, les hommes avaient des fleurs au bout des fusils, et les *feii* chantaient des *himene* (chœurs tahitiens). Sorties sur le seuil de leurs cases toujours ouvertes, les petites *vahine* en *pareo* (sorte de pagne à grandes fleurs imprimées sur cotonnade rouge ou bleue) s'accroupissaient, leurs grands cheveux noirs retombés en deux nattes sur le dos et une cigarette de pandanus aux lèvres, pour voir passer les *matero farani* — matelots français. » Ce qui n'empêchera point que les braves gens formés à cette école de cocagne recevront très crânement le baptême du feu, résolus à tenir contre quiconque voudrait débarquer de vive force.

Autour de l'île, les chefs (indigènes) des districts avaient organisé la veille du haut des montagnes. Partout où ils l'ont pu, les Tahitiens nous ont d'ailleurs prêté le concours le plus empressé, le plus dévoué et le plus utile. « Ils nous ont rendu les plus grands services dans l'organisation de la défense, dit l'enseigne Barbier. Ils se sont offerts de bon cœur à nous aider, et c'est en particulier grâce à leurs bras vigoureux que nos canons ont pu grimper les 70 mètres de la colline escarpée où nous avions décidé de les installer. Ils avaient tous la plus grande admiration pour notre commandant qui, par sa cordialité, avait su s'attacher une population extrêmement sensible à la sympathie qu'on lui témoigne » — et, j'ajoute, qu'elle mérite si bien (1).

Tout cela prêt dès le 25 août. Le 7 septembre, un des premiers signaux recueillis par notre nouveau poste de T. S. F. donnait, en ondes très nettes, un long message indéchiffrable par les codes des Alliés. On en conclut qu'il devait émaner d'un ennemi, et la surveillance redoubla.

(1) Depuis, et malgré que ne devant aucun service militaire, des Tahitiens ont été enrôlés dans le bataillon des *Tirailleurs du Pacifique* qui se trouve sur le front et s'y est distingué. D'autres braves « feii » se battent à Salonique, où ils ont éprouvé pas mal de pertes. Honneur à ces nobles représentants de la belle race maorie !

VIII

A BORA-BORA

C'est la plus occidentale des Iles-Sous-le-Vent, ainsi baptisées parce qu'elles s'allongent derrière Tahiti, dans la direction où souffle l'alizé de sud-est, vent le plus généralement régnant sous ces latitudes bénies du ciel. Son morne chauve jaillit d'entre les cocotiers du rivage,

... *géant de basalte planté comme une borne monstrueuse au beau milieu du Pacifique...* (P. Loti.)

Le 21 septembre, au lever du jour, quatre grands navires atterrissaient sur Bora-Bora. Le premier qui mouilla était un charbonnier. Deux autres, des grands croiseurs peints en gris, sans nom ni pavillon, vinrent l'accoster tribord et bâbord. Le quatrième, plus petit, resta dehors.

Un gendarme, unique représentant de la France, se rendit à bord pour arraisonner les arrivants, comme il avait coutume en temps de paix. Il put lire leurs noms, malgré la couche de peinture qui les recouvrait, et bien que les hommes eussent retourné les rubans de leurs bonnets. C'étaient le

Gneisenau, le *Scharnhorst* et le *Dannstadt* (le charbonnier; celui qui se tenait au large ne pouvait être que le *Nürnberg*). Mais le gendarme ne se doutait pas encore de leur nationalité. Il ne la connut que quand l'amiral von Spee le reçut en personne et l'invita à lui fournir des vivres, bœufs, moutons, cochons, poules, œufs, poisson, fruits, etc. dont il avait besoin et qui seraient payés en or anglais. Comment refuser? Il possédait, m'a-t-on dit, une liste de notables qu'il fit mander. Un commissaire et des matelots allèrent prendre livraison des vivres, abattirent le bétail à terre et rembarquèrent, emportant deux cents cocos que les indigènes leur offraient en toute ingénuité, comme c'était leur usage traditionnel, ne sachant évidemment pas trop ce que c'étaient que ces gens-là. Avant de partir, le soir, l'amiral offrit le champagne et d'excellents cigares au gendarme. Il ne lui cacha pas que son intention était de continuer son ravitaillement à Tahiti : que s'il y avait des bâtiments de guerre ou des ouvrages fortifiés, il les détruirait, sans toutefois bombarder la ville. (Nous verrons comment sa parole fut tenue.) Il poussa même l'ironie jusqu'à bien vouloir se charger du courrier pour Papeete. Mais la quantité de sacs portant la mention *Australia Mail*, que le gendarme avait vus entassés et conservés dans le faux pont du *Gneisenau*, lui inspira des doutes qui l'empêchèrent d'accepter un moyen de correspondance décidément trop sujet à caution.

Malheureux gendarme ! Si sa conduite n'a pas été précisément celle d'un héros, m'est avis que la faute remonterait plutôt à ceux qui avaient imposé le poids d'une trop lourde responsabilité à un aussi modeste répondant.

IX

EN VUE !

Le lendemain 22, temps gris et pluvieux. Mer un peu grosse. A 6 heures du matin, les vigies de Tahiti signalent deux bâtiments de guerre faisant route vers l'île. Ignorant encore le passage des Allemands à Bora-Bora, on se demande si ce sont des amis ou des ennemis. A tout hasard l'alerte est donnée, et chacun de courir à son poste de combat. En un clin d'œil, la ville est rassemblée sous les bouraos qui ombragent le quai, regardant avidement dans la direction du large. Pour des insulaires, l'arrivée de navires reste toujours un événement capital, et l'habituelle curiosité se double cette fois d'une appréhension qui la surexcite encore. Seuls, les colons européens comprennent la gravité de l'heure et beaucoup regrettent que Papeete ne soit pas demeurée ville ouverte...

Les marins, eux, sont tout à leur affaire. Grimpé au sémaphore, le commandant Destremau observe et envoie ses ordres par le téléphone. Les deux croiseurs ont le cap droit sur la passe. Comme la veille, ils cherchent à dissimuler leur nationalité et espèrent entrer par surprise. Mais on a reconnu le *Gneisenau* et le *Scharnhorst* (les deux autres attendaient probablement hors de vue) et, quand ils ne sont plus qu'à deux milles, trois salves de nos 65 sont tirées comme semonce. Ils hissent alors le petit pavois aux couleurs allemandes, signe qu'ils se disposent à combattre. « Je n'ai pas fait ouvrir le feu pour éviter de démasquer la batterie et de la faire détruire, de façon à la réserver pour s'opposer à une tentative directe de débarquement », note Destremau sur son journal. Parti d'autant plus sage qu'à pareille distance les projectiles de ses petites pièces eussent été perdus contre des croiseurs cuirassés. Ils devaient au contraire trouver un emploi des plus efficaces si l'ennemi tentait de descendre à terre, comme semblaient l'indiquer ses embarcations à vapeur sous pression sur leurs portemanteaux et les grues disposées pour les amener.

Les chaudières de la *Zélée* avaient été allumées aussitôt, mais le temps allait manquer pour la conduire au poste où elle devait être coulée pour boucher la passe. On n'aurait été certain d'y réussir que si on se fût résolu par avance à un sacrifice qui présentait le grave inconvénient de rendre le port complètement inaccessible, peut-être inutilement, et dans tous les cas pour longtemps. Par suite des circonstances, il n'y eut d'ailleurs rien à regretter. Lorsqu'aucun doute ne fut possible sur les intentions des Allemands, Destremau fit sauter les marques indiquant le chenal. Il avait préalablement ordonné d'ouvrir les prises d'eau de la *Zélée* et de la *Walküre*, afin de les couler sur place, ainsi que d'incendier le parc à charbon.

En voyant les deux pylônes de l'alignement voler en l'air, les Boches sont venus « à droite toute ». Non seulement ils risqueraient trop gros à vouloir passer quand même, mais qui sait si l'entrée n'est pas minée? Ils reculent alors de 3 ou 4 milles, pour se mettre hors d'atteinte de nos pièces, puis reviennent en ligne de file, parallèlement à la côte, et se mettent tout d'un coup à tirer. Ils exécutent ainsi trois passes, en se dirigeant alternativement à l'ouest et à l'est, chacune d'environ cinquante coups, principalement de leurs 210. Tir lent, très imprécis à cause de la brume et du soleil levant droit en face d'eux. Il est d'abord dirigé contre le mont Faiere, dont l'ennemi cherche à repérer les batteries.

X

LA PAROLE D'UN AMIRAL ALLEMAND

Pendant les évolutions préparatoires au bombardement, les *mutoï*, agents de police indigènes, ne parvenaient pas à faire évacuer le rivage, où les obus risquaient de tomber. « Mais aux premiers coups de canon, ce fut un sauve-qui-peut général, un exode aussi peu banal qu'instantané. Emportant leurs objets les plus précieux, Européens, Tahitiens et Chinois se pressaient sur les routes conduisant aux vallées intérieures. Ils y élèveront des abris en feuillage sous lesquels ils passeront toute la semaine. En moins d'une heure, il ne restait plus dans la ville que ceux chargés de la défendre. Avec quelle impatience nous attendions la mise à l'eau des embarcations ennemies ! Mais les Allemands n'ont pas osé tenter une manœuvre qui leur eût coûté cher. » (Enseigne de vaisseau Barbier.)

Puis, un entr'acte. Estimant que les batteries doivent être anéanties, l'amiral von Spee se demande sans doute ce qu'il pourrait bien faire de plus. Débarquer? Le jeu n'en vaudrait pas la chandelle, surtout après l'incendie du stock de charbon. Achever à coups de canon la *Zélée* en train de couler? Impossible sans atteindre une partie de la ville. Malgré la promesse de l'amiral allemand, tel n'en fut pas moins l'objet de la quatrième passe, dont le premier obus creva la maison du capitaine de port (lieutenant de vaisseau en retraite Simon), lequel se trouvait dans sa cour. Les flammes jaillirent et la bicoque s'effondra presque instantanément.

« Je venais de quitter Simon — écrit le lieutenant de vaisseau de réserve Dornier, administrateur colonial en service à Tahiti — et m'arrêtai devant le consulat américain, en canonnier impénitent que je suis resté, pour observer les points de chute et les effets des obus à explosifs puissants que je voyais pour la première fois. A ce moment, les éclats tombaient dru sur tout le quai. Un Tahitien trop curieux fut tué près de la *Zélée*, un Chinois éventré dans le voisinage; un autre eut la main enlevée avec une liasse de billets de banque qu'il emportait en courant. (Il y eut quelques blessés aussi.) Je ne vis que deux coups courts et cinq au but, tous les autres longs. Ceux-ci portent d'abord dans la *Walküre* qui fut criblée (elle était amarrée à un appontement, et la *Zélée* contre elle, en dehors), puis dans le bloc des maisons situées derrière, c'est-à-dire autour du marché, où les flammes se propagèrent avec une extrême rapidité. » Quand le tir cessa, il ne fut plus possible que de faire la part du feu. La moitié du quartier chinois flamba : dégâts estimés à environ 2 millions et demi. On ne peut pas dire que l'amiral von Spee ait délibérément visé la ville, mais il savait très bien qu'elle ne pourrait manquer d'être atteinte, en tirant sur un but placé juste devant. Dans tous les cas, il n'a pas tenu la parole donnée à Bora-Bora, ce qui ne saurait surprendre de la part d'un Allemand.

A propos de cet incendie, et bien que m'étant fait une règle de ne parler que des marins, je ne résiste pas au plaisir de signaler en passant la belle attitude du maire de Papeete, M. Cardella — il l'était déjà de mon temps — qui a donné l'exemple à tous dans la lutte contre le feu. Et comment ne pas profiter de l'occasion pour citer aussi Mlle Jeanne Drolet, âgée de vingt ans, laquelle, alors que la plupart s'enfuyaient, resta au central téléphonique, « continuant son service malgré son effroi et ses larmes, sans un instant de défaillance ni une erreur » — rapporte une lettre particulière.

« Plusieurs fois atteinte, la *Zélée* s'enfonce vite (enseigne Dyèvre). Trois ou quatre incendies s'y sont déclarés. A hauteur des porte-haubans de misaine, un 210 lui a fait un trou par où entrerait un cheval. L'arrière plonge de plus en plus, la mer passant bientôt par-dessus la lisse. Le bâtiment se cabre, le bout-dehors de foc pointé vers le ciel, la moitié de la quille hors de l'eau, puis il se couche sur le côté bâbord, et la demie de 9 heures sonne quand il disparaît, accompagné par la détonation des chaudières qui explosent. » Il n'y avait bien entendu plus personne à bord, mais, de terre, les hommes assistaient, frémissants et impuissants, à l'agonie de leur malheureux navire. « Les Tahitiens comprirent notre douleur — ajoute l'enseigne Barbier — et plusieurs, sans mot dire, plongèrent au fond de l'eau et nous rapportèrent le pavillon demeuré à la corne d'artimon. »

Afin d'arrêter le bombardement, dont les écarts menaçaient d'anéantir toute la ville, on venait de hisser au sémaphore le signal suivant, en pavillons du code international : « Nous avons vingt-six otages allemands. » Il s'agissait des vingt prisonniers de la *Walküre*, auxquels s'ajoutait un certain nombre de commerçants installés dans l'île, où la vermine boche foisonnait comme partout chez nous. Fût-ce la menace qui opéra, ou parce que la *Zélée* et la *Walküre* (1) étaient coulées? Toujours est-il que le tir cessa et que les deux croiseurs s'éloignèrent définitivement avec la double honte d'avoir manqué leur coup et fait acte de barbarie aussi odieuse qu'inutile.

(1) La *Walküre* put être relevée et mise en état de reprendre la mer, mais pas la *Zélée*, qui était trop démolie.

XI

AUX BATTERIES

Deux mots sur ceux du mont Faiere, qui se tenaient prêts à ouvrir le feu avec leurs cinq pauvres petites pièces. Celle de 105 était tout au sommet et assez en arrière pour être bien masquée du large. Le même poste où des canons de l'*Aube* avaient été hissés au moment de Fachoda : que ne les y avait-on seulement laissés? Les 65 formaient batterie en contre-bas. Tous si bien défilés que les obus allemands les ont encadrés sans en atteindre aucun. Plates-formes bétonnées, téléphones, poudrières, abris et tranchées, rien n'y manquait d'ailleurs — que des munitions en quantité suffisante. Car le 105 n'avait que trente-huit coups à tirer, la métropole ayant négligé de remplacer un lot de poudres jetées à la mer comme douteuses plus de deux ans auparavant. Et dire que les Boches nous accusent d'avoir prémédité la guerre !

Aux batteries se trouvaient les enseignes Charron et Le Breton, les canonniers de la *Zélée*, et un certain nombre de volontaires faisant office de pourvoyeurs. Une petite ambulance s'y improvise, sous la direction du docteur Bachimont. Précédemment démobilisé, il se remobilisa de son chef pour la circonstance, et nous allons lui demander un aperçu de ce qui s'est passé là-haut :

« Un jeune Tahitien, beau comme Apollon et par-dessus le marché très brave, le jeune Serraut, je crois, nous sert de guide (au docteur Bachimont et à ses infirmiers de bonne volonté). Pendant que nous grimpons des pentes très raides, la canonnade commence. A mi-côte, nous rencontrons Mgr Hermel (l'évêque de Tahiti), aumônier volontaire qui, d'instinct, se porte à l'endroit le plus exposé. Couvert de boue gluante, suant et soufflant, il a perdu son chemin, mais son visage reste aimable et souriant quand même. Il va monter avec nous. Arrivés au fortin, nous l'abordons par derrière, où je trouve un coin bien protégé pour installer mon poste de secours. Puis nous pénétrons dans la place. Il y règne le meilleur esprit de blague, et on ne manque pas de saluer les énormes projectiles qui s'abattent à leur tour. Du 210, s'il vous plaît, dont les éclatements ne font pourtant pas des trous de plus d'un mètre cube, dans la lourde argile rouge du Faiere.

» L'un d'eux tombe juste en face de nous (trop court) et couvre la pièce (de 105) de terre. Fort aimablement Monseigneur nous a offert l'absolution, disant, toujours avec son bon sourire : Je suis ici pour vous aider à bien mourir. Une accalmie, puis la canonnade recommence. Mais, cette fois, nous n'en sommes plus le but. Pas un blessé. Seul, un pauvre diable de matelot, un des survivants de la terrible catastrophe de l'*Iéna*, qui, resté très ébranlé depuis, perdit un moment la tête, en entendant le premier obus éclater. »

Quant à la vaillante petite troupe que commandait l'enseigne Barnaud, ainsi qu'aux auto-canons de l'enseigne Dyèvre, ils attendirent vainement leur tour d'entrer en action, inconsolables de ne pas avoir l'occasion de se mesurer d'un peu plus près avec les Allemands.

XII

ÉPILOGUE

En quittant Tahiti, l'amiral von Spee se rendit aux Marquises et mouilla dans la baie du Contrôleur (île de Nuka-Hiva), où il retrouva deux de ses petits croiseurs, *Nürnberg* et *Leipzig*, avec cinq charbonniers. Ils y passèrent quelques jours. L'un des navires alla à Taio-Hae (même île) et prit à la Société commerciale, contre reçu, tous les approvisionnements disponibles, ainsi que l'argent de la caisse du gouvernement. A Atuana, chef-lieu de l'archipel, le médecin-administrateur fut gardé à vue chez lui. Mais aucune violence commise. Les Allemands tenaient alors beaucoup trop à ménager l'opinion des Américains, lesquels n'auraient pas manqué de s'indigner s'ils avaient appris que les inoffensifs habitants d'îles placées de l'autre côté de leur continent eussent été par trop indignement molestés. Après quoi, les navires de la division von Spee cinglèrent vers Magellan, pour trouver, aux îles Falkland, le juste châtiment qui les attendait.

Mais, aussi longtemps qu'ils battirent le Pacifique, grande fut la crainte de les voir reparaître à Tahiti, où l'on continuait à monter bonne garde. Or, le 10 octobre, le guetteur de Papenoo, district à une vingtaine de kilomètres à l'est de Papeete, signalait trois navires en vue dans le nord. Alerte générale et ordre à l'officier chargé de la surveillance extérieure de monter en auto pour vérifier le fait. C'est l'enseigne Barbier, à qui je vais emprunter cette dernière scène. « Nous partons immédiatement. Assis sous les vérandas de leurs cases, les indigènes assistent d'un œil indifférent au passage rapide de la voiture qui les enveloppe d'un nuage de poussière. Ils marmottent le *ia ora na* (bonjour) traditionnel et retombent dans leur rêverie. Seuls, les tourlourous effarés regagnent en hâte leurs demeures caverneuses, au pied des grands cocotiers du rivage.

» A Papenoo, trois points régulièrement espacés se distinguent en effet sur le bleu du ciel, et semblent se déplacer avec une certaine vitesse. On dirait assez bien les cheminées de trois navires dont les coques seraient encore au-dessous de l'horizon. Muni d'une longue-vue légèrement cabossée, le chef de district reconnaît même les fumées. Un peu plus sceptique, je grimpe une colline à pic, sous un soleil de plomb. Mais, de là-haut, je ne vois plus rien au large. Et cependant les Tahitiens massés sur la plage m'indiquent du bras la direction des navires fantômes. Fixé sur ce que je voulais savoir, je rentre en vitesse, croisant une théorie interminable de gens qui ploient sous les paquets et se hâtent vers les vallées hospitalières. C'était l'exode qui recommençait. Et quelques heures plus tard, un magnifique tronc d'arbre, dont les branches ont encore leur feuillage, venait s'échouer sur le récif qui forme la baie de Papeete. Poussés par l'alizé, les deux autres géants de la forêt tropicale poursuivaient leur course vagabonde en pleine mer, bâtons flottants que le guetteur de Papenoo avait pris pour des navires. »

Voilà comment Tahiti « la délicieuse » évita de tomber aux mains du Boche immonde, quand l'amiral von Spee commit l'indignité d'assaillir une île dont notre communiqué officiel du 10 octobre 1914 a si bien dit que « sa beauté et la douceur de ses habitants semblaient la mettre à l'abri des cruautés de la guerre ».

CE QUE FONT NOS MARINS [1]

(1) A paru dans le *Bulletin des Armées* du 24 octobre 1917.

Tandis que les communiqués officiels nous tiennent journellement au courant de ce qui se passe sur le front, la nécessité de dissimuler à l'ennemi les mouvements de nos navires est cause qu'on ne les mentionne jamais que quand ils coulent, en ayant encore bien soin de ne pas dire où ni comment. Le soldat ignore donc presque tout de l'héroïque et précieuse collaboration apportée par la marine à l'œuvre du salut commun. Afin de le renseigner une fois en passant, j'ai prié un simple matelot d'écrire, adressée à un camarade « poilu », une lettre où il raconterait son rôle dans la guerre actuelle. La voici, telle que je viens de la recevoir :

Poilu, mon glorieux frère,

On m'a dit que tu désirais savoir ce que je devenais. Eh bien, voilà. Au début de la guerre, je me trouvais sur la *Jeanne d'Arc*, qui achevait la campagne d'instruction des aspirants. Un beau voyage, ma foi, où nous avons eu bien de l'agrément. De jolies relâches tout le temps, et des jeunes officiers ayant la « double » facile. On venait de rentrer à Brest, et j'attendais mon tour de permission pour aller embrasser les vieux, quand a sonné le grand branle-bas de la mobilisation générale. En guise de permission, attrape à faire du charbon, et en route pour Cherbourg où nous rallions la deuxième escadre légère.

A peine mouillé, ordre d'appareiller tous ensemble sans autre signal, et le cap sur le Pas de Calais. Le commandant nous explique qu'on va défendre le passage à la flotte allemande. Je ne sais pas trop comment nous en serions sortis, ou plutôt la chose ne laissait pas l'ombre d'un doute, vu que nous aurions été six vieux croiseurs contre peut-être une cinquantaine de gros bâtiments du dernier modèle. Mais tout ce qu'on nous demandait, c'était de faire le plus de mal possible à l'ennemi, et ça, nous nous en chargions. A commencer par moi. Car j'ai oublié de te dire que je suis canonnier breveté, et que je venais de remporter le premier prix au concours de tir de fin d'année. Une montre et 50 francs qu'on m'a donnés, dont j'ai envoyé 30 francs à la maison et fait la bombe avec le reste, l'armement de ma pièce ayant obtenu un tour de terre de faveur. Avec mon 194 de la tourelle avant, je répondais donc de mettre dans le but à 10000 mètres, et le premier de tous, rapport que nous étions en éclaireurs, à 5 milles devant le reste de l'escadre.

Mais les Boches ne sont pas venus, crainte sans doute de rencontrer les Anglais sur leur chemin. Alors on a envoyé la *Jeanne* aux Dardanelles, où nous sommes arrivés juste pour prendre part à l'attaque de Koum-Kaleh. Un obus turc a éclaté au pied de ma tourelle, couchant tout le monde par terre, à l'exception du second maître et de moi. Ce qui ne nous a pas empêchés de continuer le tir, pendant que nos irrésistibles coloniaux débarquaient et emportaient tout. Après quoi j'ai été embarqué sur la *Provence II* et le *Gaulois*, l'un et l'autre coulés par suite de torpillages dont j'ai eu la chance de revenir. Et, le plus drôle, c'est que je ne sais pas nager. Mais on a des espèces de gilets de sauvetage qui vous maintiennent sur l'eau jusqu'à ce qu'on vienne vous repêcher, quand on n'a pas été assommé du coup et qu'on a pu se jeter à l'eau. Voyant qu'il n'y avait plus rien à faire à bord des grands navires, tant que les Boches ne se décideront pas à sortir les leurs, j'ai demandé à passer sur les chalutiers, des bateaux de pêche armés en guerre avec lesquels on pratique la chasse aux sous-marins. Présentement je suis à bord de la *Rose Mystérieuse*, pointeur de la pièce de 65, et je ne crois pas me vanter en disant que j'ai touché plusieurs des requins à Guillaume. Seulement, ces sales bêtes-là, c'est comme les rats empoisonnés, on ne sait jamais où ça va crever.

De quelle façon nous leur appuyons la poursuite, et les trucs qu'on emploie, défense absolue d'en souffler mot. Tout ce que je puis te dire, c'est que nous devons mener une vie à peu près dans le genre de la tienne, sauf que nos tranchées à nous, ce sont les vagues de la mer. En guise de marmites, des mines sur lesquelles on saute au moment qu'on s'y attend le moins, ou la torpille d'un sous-marin qui vous éventre d'un seul coup. Mais il y a de bons moments, surtout quand on fonce sur le pirate, à coups de canon, d'étrave ou de grenades, et qu'on est sûr qu'il en tient. La *Rose Mystérieuse* en a déjà envoyé un par le fond, d'un obus bien placé. Mais le capitaine n'était pas encore content. Il aurait voulu le prendre à l'abordage, comme autrefois.

C'est un premier maître de manœuvre, un ancien gabier de la *Melpomène* et de la *Magicienne*, qui commande au sifflet, avec des roulements comme la musique du vent dans les cordages. Il prétend que, seuls, les marins de la vieille marine à voiles viendront à bout des sous-marins. Et il n'a peut-être pas tort, dans ce sens qu'il faut rudement bien connaître son métier. Quoique ça, les sous-marins boches font beaucoup moins de mal qu'au printemps dernier, et nous avons bon espoir de les mater encore davantage.

Poilu, mon vieux frère, toi que le monde entier n'appelle plus que le Vainqueur de la Marne et le Héros de Verdun, ne t'étonne donc point de ne pas recevoir plus souvent de mes nouvelles. Mais quand tu vois s'amener des nouveaux canons, des munitions en abondance, des vivres et tout le reste, pense à ton frère le marin. Dis-toi bien que rien de tout cela ne te parviendrait, s'il n'était pas là pour en assurer l'arrivage par mer, sans jamais une heure de répit, la nuit comme le jour et quelque temps qu'il fasse, avec toutes les chances de finir par boire à la grande tasse. Mais qu'importe, du moment que c'est pour la France?

— Oui, ingrate et pénible besogne que celle de la marine, mais d'une importance capitale en ce qui concerne l'issue de la guerre. C'est, en effet, grâce à la maîtrise que nous et nos Alliés conservons sur les grandes routes du large, que nous avons pu remédier à l'état d'impréparation où nous a surpris l'agression allemande. C'est également à la mer que nous devons l'inappréciable concours des Américains, tant du Nord que du Sud, amenés à se ranger de notre côté par suite des excès de l'intolérable piraterie boche. De sorte que les efforts et les sacrifices de nos admirables marins contribuent puissamment à la reconquête des territoires encore occupés par un envahisseur odieux, tout comme nos incomparables soldats, sans s'en douter peut-être, combattent pour la liberté des océans. Impossible, par conséquent, de réaliser une coopération plus directe et plus fraternelle que celle de nos Armées de terre et de mer.

FIN

INDEX ALPHABÉTIQUE

A

C

D

E

F

G

H

I

J

K

L

Q

R

S

T

U

V

W

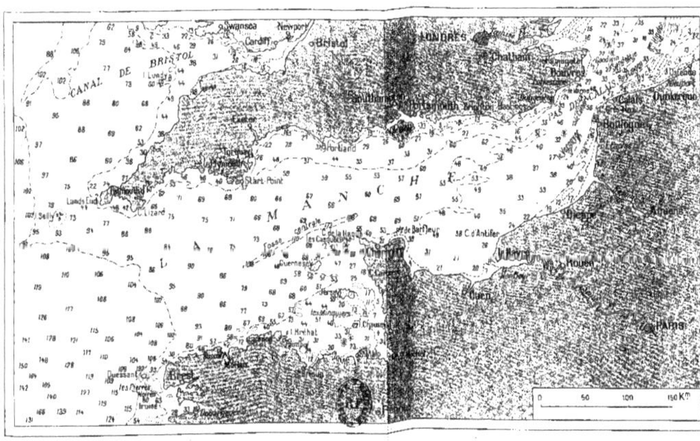

CARTE DE LA MANCHE

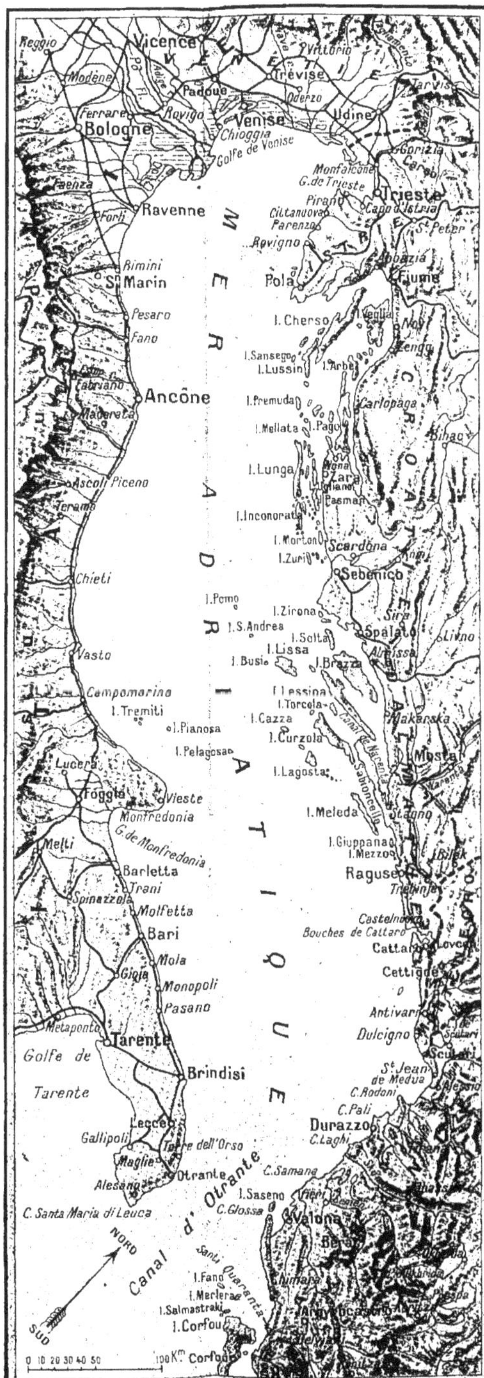

CARTE DE LA MER ADRIATIQUE

TABLE DES MATIÈRES

LE COMBAT DU *RIGEL* ET D'UN SOUS-MARIN

A TAHITI

PARIS. — TYP. PLON-NOURRIT ET Cie, 8, RUE GARANCIÈRE. — 22837.

PARIS. — TYP. PLON-NOURRIT ET Cie, 8, RUE GARANCIÈRE. — 22837.

www.ingramcontent.com/pod-product-compliance
Ingram Content Group UK Ltd.
Pitfield, Milton Keynes, MK11 3LW, UK
UKHW031832260826
14628UKWH00001B/350

9 782013 628075